谨以此书献给我挚爱的妻子克莱尔和我们的三个孩子——索菲娅、詹姆斯和奥利弗。

BIGDATA
IN PRACTICE

大数据实践

45家知名企业超凡入圣的真实案例

• [美] 伯纳德·马尔（Bernard Marr）/ 著
• 赵艳斌　张　威　卢庆龄　梁优子 / 译

電子工業出版社
Publishing House of Electronics Industry
北京·BEIJING

内 容 简 介

当今世界，科技进步日新月异，互联网、大数据、云计算等现代信息技术深刻改变着人类的思维、生产、生活、学习方式，深刻展示了世界发展的前景。大数据是工业社会的“自由”资源，谁掌握了数据，谁就掌握了主动权。本书通过介绍45家国际知名公司在利用大数据方面的成功经验，为企业、政府和其他单位利用大数据进行有效决策，推动技术革新和更有效谋划企业战略定位及发展提供非常有价值的参考，以大数据信息流带动技术流、资金流、人才流、物资流融合发展。

Big Data in Practice by Bernard Marr, ISBN:9781119231387

版权贸易合同登记号　图字：01-2016-4597

图书在版编目（CIP）数据

大数据实践：45家知名企业超凡入圣的真实案例 /（美）伯纳德·马尔（Bernard Marr）著；赵艳斌等译. —北京：电子工业出版社，2020.10

书名原文：Big Data in Practice

ISBN 978-7-121-35233-1

Ⅰ.①大…　Ⅱ.①伯…　②赵…　Ⅲ.①互联网络－应用－企业管理－案例－世界　Ⅳ.①F279.1

中国版本图书馆 CIP 数据核字（2018）第238919号

责任编辑：牛平月

印　　刷：北京天宇星印刷厂

装　　订：北京天宇星印刷厂

出版发行：电子工业出版社

　　　　　北京市海淀区万寿路173信箱　邮编 100036

开　　本：720×1 000　1/16　印张：13.25　字数：275.6千字

版　　次：2020年10月第1版

印　　次：2021年11月第4次印刷

定　　价：68.00元

凡所购买电子工业出版社图书有缺损问题，请向购买书店调换。若书店售缺，请与本社发行部联系，联系及邮购电话：（010）88254888，88258888。

质量投诉请发邮件至 zlts@phei.com.cn，盗版侵权举报请发邮件至 dbqq@phei.com.cn。

本书咨询联系方式：（010）88254454，niupy@phei.com.cn。

“当我开始阅读这本书时，它给我的第一印象是‘不可思议’，第二印象便是‘引人入胜’。还有，我想再提一下‘不可思议’，原因在于伯纳德能够巧妙地将一个复杂的主题转换成人人都能理解的东西。之所以说这本书‘引人入胜’，是因为书中引用了大量详细和真实的客户案例，它们可以给我启发，让我开始思考自己的客户和合作伙伴，思考如何通过学习这些公司的运行经验来获得成功。对于所有的大数据从业者和渴望成功的大数据研究者来说，伯纳德的这本书都是一本必读书籍！”

——Splunk 公司业务分析和物联网高级主管，肖恩·艾哈迈德

“终于盼到了一本不是讲述空洞理论的书籍！这本书是利用实际案例来阐述经验的。它向支持大数据实践、流程和技术的团队提供实用和有价值的见解。通常，因为大数据的成本比较高，所以我们认为大数据一般是针对大型企业的，然而一些有趣的案例表明，小型企业也可以利用大数据取得较大的发展。书中介绍的许多企业案例不仅说明了大数据对消费者的重要性，也阐释了大数据是如何影响消费者的消费策略的。”

——Center Parcs UK 公司数据和分析主管，阿德里安·克洛斯

“伯纳德·马尔所写的这本书，是大数据分析领域中最完整和最全面的一本书。书中提到了很多现实生活中的例子，使这本书既适用于新手，也适用于有经验的数据科学家。”

——惠普公司业务技术专家，福阿德·本德里斯

“在大数据领域，伯纳德·马尔是一个先驱型作家。在这本书中，马尔慷慨地分享了许多具有实用价值的敏锐见解，涉及许多领域内不同业务的大数据方案。对于企业来讲，它们可以通过大数据分析来获取竞争优势，而这本有趣的书籍正好在这些方面提供了很好的线索。这本书的逻辑结构让读者一旦阅读起来，就想一口气读完而不愿中途停下来。无论是对于任何对于大数据持怀疑态度的人，还是对于希望寻找灵感的商界领袖来说，这都是一本必读的书籍。”

——爱尔兰联合银行客户分析主管，威尔·卡什曼

“现在商业的业务就是数据！伯纳德·马尔的书在大数据应用案例、成功范例和众多业务领域的经验和教训方面，提供了具体的、有价值的见解。在深入阅读这本书后，您将拥有足以超越大数据宣传机器所需的所有知识，而且您的数据分析回报率将上升到一个新的高度，并能从数据组织中获得竞争优势。”

——美国博思艾伦咨询公司首席数据科学家，柯克·博尔内

“大数据影响到商业领域的各个方面。这本书提供的强有力的例证说明，所有公司都在努力摆脱过时的商业模式，凭借存储的大数据来设计新的营业模式。”

——谷歌顾问委员会成员，亨里克·冯·谢尔

“在大数据发展现状方面，伯纳德·马尔的这本书提供了全面的论述。通过许多鼓舞人心的例子，清晰地表明，无论何种规模的组织，都可以从大数据中获益。对于任何一个想要获得数据驱动业务的组织来说，这本书都是一本必读的书籍。”

——数据流发起人，马克·范·里吉门纳姆

“这是一本独特的商业书籍，它既具有实用性，又具备趣味性。伯纳德已经为我们提供了一个独特的内部视角，来观察企业领导层如何利用新的技术。这本书讲述了什么是真正的有价值的数据，以及这些数据是怎样改变我们的思维、工作和生活方式的。”

——Narrative Science 公司首席执行官，斯图尔特·弗兰克尔

“即使对于专业的数据分析师来说，大数据仍然有可能是一个令人困惑的话题。伯纳德言简意赅地说明了大数据蕴藏着的真正商业利益。在这本书中，您可以很容易地发现领先的企业是如何从大数据中获得真正的价值的。我强烈推荐您阅读这本书！”

——Qlik 公司 Qlik 分析副总裁，阿瑟·李

“如果您正在寻找大数据技术和实现业务价值之间的联系，那么您不必再看其他的书籍了。伯纳德·马尔的这本书介绍了这种联系！这本书既有科学性又有趣味性，更重要的是，它和我们分享了成功的秘诀。”

——惠普公司首席技术分析专家，阿希姆·格兰茨恩

“这本书在为什么、怎样做，以及什么事情会影响当今世界的大数据分析方面，提供了一个全面的、纲领性的说明。”

——IBM 公司大数据传播者，詹姆斯·科比留斯

“这本书是大数据应用案例的宝库。”

——Datameer 公司首席执行官，斯蒂芬·格罗施夫

引言

我们正在见证一场运动，它将完全改变现有的商业模式和社会活动的方方面面，这场运动被称为“大数据运动”，它将改变一切，无论是银行和超市的运作方式，还是治疗癌症的方法，也包括打击恐怖主义进而保护我们的世界的策略。无论您在哪个行业从事何种工作，大数据都将在一定程度上改变您的工作方式。

一些人认为，“大数据”仅是近期被热炒的概念而已，随着时光的流逝，风靡一时的“大数据”一词会逐渐被淡化。但是，事实上，大数据根本不可能消失！虽然“大数据”这个名称有可能会消失，对大数据的宣传也可能会销声匿迹，但是大数据技术本身将会一直存在并发展下去。我们今天所说的大数据，将会在未来数年内成为一种新常态，那时所有的企业和政府机构都会使用大量的数据来提高工作效率，改进工作方法。

笔者一直在从事企业或政府组织的大数据项目。在现今社会中，分享如何使用大数据是一个不错的想法，这样可以为许多不同的行业、企业提供真正的有价值的见解。但是，大数据究竟意味着什么呢？

大数据的定义

从本质上说，大数据是指我们现在可以采取的收集和分析数据的方式。这种方式在数年前是不可能实现的。有两件事情推动着大数据运动的发展，一是我们能收集到更多的数据，二是数据的存储和分析能力都在显著提高。

海量数据的涌现

在日益数字化的世界中，我们所做的一切都留下了一定的数据，这就意味着可用数据的数量呈现爆炸式增长。在过去的两年里，我们创造的数据比之前整个人类历史上存在的数据还要多。据预测，到 2020 年年底，地球上平均每人将以约 1.7 MB/s 的速度创造新的数据。这些数据不仅来自我们每时每刻利用电子邮件、网络信使、Facebook 和 Twitter 等交流平台互相发送的成千上万条消息和电子邮件，也来自我们每年拍摄的海量数码照片和越来越多的视频数据（目前每分钟约有 300 小时的视频向 YouTube 视频网站上传，同时在 Facebook 上有近 300 万个视频在分享）。除此之外，我们身边的各种传感器也在源源不断地产生新的数据。最新的智能手机中的传感器可以判断我们所处的位置（GPS）、运动的速度（加速度计）、周围的天气情况（晴雨表），以及我们触摸手机屏幕的力度（触摸感应器）等。到 2020 年年底，全球将拥有超过 60 亿部智能手机，它们的传感器都可以用来收集数据。不仅手机越来越智能化，现在还有许多其他的智能产品正在不断涌现，如智能电视、智能手表、智能电表、智能电水壶、智能电冰箱、智能网球拍，甚至是智能灯泡。事实上，到那时，我们将有超过 500 亿台互联网设备。这意味着各种类型的数据数量（从传感器数据到文本和视频数据）将增长到不可思议的水平。

分析每件事情的能力

数据本身并没有多大的意义，只有透过数据分析其背后蕴藏的信息才有价值。所以，收集和分析数据就显得非常重要。过去，受技术的限制，数据库中存储的数据容量有限，而且存储的数据越多，系统运行的速度就会变得越慢。目前，现有的新技术已突破数据容量有限这一束缚，将数据存储在分布式数据库中，然后通过网络链接来存储和分析数据库中的数据。分布式数据库的含义就是将数据存储在多个数据库中，每个数据库存储其中一部分数据。这些数据可在不同的服务器之间进行共享和分析，其中每个服务器仅负责一部分数据的分析和处理工作，从而实现分布式计算。

谷歌公司正是在它开发的分布式计算技术的帮助下，才实现了利用互联网对信息和数据进行查询搜索。现在，如果你在网上对某个问题进行查询，约有 1000 台计算机会同时参与这一问题的搜索，并可在 0.2 秒内完成解答。本书写作之时，在谷歌网页上，一天的搜索量可以达到 35 亿次。

对于像 Hadoop 这类的分布式计算工具，一般通过连接数据库和服务器，对大数据进行管理、存储和分析。从某种程度上讲，任何人都能使用大数据进行数据分析。对于那些规模较小、预算较低和信息技术支持服务有限的企业，也能从大数据技术中获益。

如今，数据分析技术取得了长足的发展，甚至在某些方面令人惊叹。数据分析算法可实现通过“观察”照片，确定照片上某个人的身份，然后在国际互联网上搜索与此人相关的其他照片。此外，这种分析算法也可以理解语音词汇，并将其翻译成书面文本，然后分析文本的内容、意义和蕴藏的情感。例如，通过“聆听”我们交谈的内容，可以判断出聊的内容是开心的事情还是不开心的事情。现在技术飞速发展，每天都会出现越来越多的高级算法，能够帮助我们更好地理解世界和预测未来。将来，如果将大数据技术与基于自主学习算法的机器学习技术和基于判断决策的人工智能技术结合起来，我们将会发现这方面的发展和机遇也绝对令人振奋。

大数据带来的机遇

在这本书中，笔者想向大家展示大数据的发展状况，介绍不同行业的公司或组织是如何在不同领域中利用大数据来获取价值的。在本书中，您会发现介绍的案例涵盖了诸多领域，包括零售商（传统实体企业及电商）如何利用大数据来预测销售趋势和消费者行为，政府如何利用大数据挫败恐怖袭击阴谋，一个小的家庭百货店或者动物园如何利用大数据来提高绩效，以及大数据在城市各个领域中的使用，包括电信业、体育产业、博彩业、时尚产业、制造业、研究领域、赛车运动、视频游戏，以及与上述领域相关的交叉融合领域。

在这令人惊叹的新型大数据世界里，本书中所列举的这些各具特色的公司既没有采取“鸵鸟政策”，也没有迷失方向，而是成功地找到了从大数据中提取具有战略价值的方法。在我以前的书《大数据：使用智能的大数据、分析方法和指标，做出更好的决策并提高产品性能》中（由 Wiley 出版社出版），详细地介绍了公司是如何使用大数据实现交付价值的。

笔者坚信，大数据将影响到我们每一个人以及我们所做的每一件事。

您可以从头到尾仔细阅读这本书，它汇总了当前的大数据应用案例；也可以将这本书作为一本参考书，专注于您或者您的客户最感兴趣的领域。

希望您能喜欢这本书！

目　录

1　沃尔玛：利用大数据推动超市的发展

背景

沃尔玛公司是世界上最大的零售商，它也是世界上营业收入最多的公司之一，在 28 个国家里拥有超过 200 万名员工和 2 万家门店。

正因为沃尔玛公司拥有如此大的经营规模，所以他们在很早以前就意识到了数据分析的价值。2004 年，在“桑迪飓风”袭击美国的时候，沃尔玛公司发现，如果将统计数据作为一个整体（而不是作为孤立的个体集合）进行研究时，就会得到一个出乎意料的结果。例如，在应对“桑迪飓风”来袭时，沃尔玛公司试图预测应急物资需求，公司首席信息官琳达从统计数据中惊奇地发现，在飓风途径区域内，除手电筒和应急设备外，恶劣天气还导致了一种草莓味的袋装食品“Pop Tarts”的需求激增。2012 年，沃尔玛公司提前在“弗朗西斯飓风”预计途径区域对这类商品进行额外铺货，结果销量非常好。

从那以后，沃尔玛公司不断发展它的大数据技术及其分析部门，并让其一直保持在最前沿的水平。2015 年，沃尔玛公司宣布他们正在创建世界上最大的私有数据云——每小时能够处理 2.5 PB 的信息。

大数据有助于解决什么问题？

每天，超市向数以百万计的人出售数以百万计的商品。这是一个竞争激烈的行业，发达国家中的大部分人依赖于超市提供的生活必需品。超市之间的竞争不仅体现在价格方面，也体现在客户服务的质量和便利程度上。只有在恰当的时间和地点提供恰当的商品，才能满足顾客的购物需求，但对超市来说，这也带来了巨大的物流问题。为了保持足够的竞争力，商品的价格也必须精确到分。如果顾客发现不能在同一家超市买到自己需要的所有商品，那么他们就会到其他超市去逛一逛，因为只有“一站式购物”才更适合他们繁忙的生活节奏。

如何在实践中使用大数据？

2011 年，沃尔玛公司越来越意识到利用数据可以了解顾客的需求，并为他们提供想要购买的商品，因此沃尔公司玛建立了沃尔玛实验室（WalmartLabs）和快速反应大数据团队，以便研究和部署业务中新的大数据使用措施。

执行这一策略的鼎盛期是被称为“数据咖啡馆”的项目，它有先进的分析中心，在阿肯色州的本顿维尔市设有总部。在“数据咖啡馆”内，分析团队可以实时监视 200 个内部和外部的数据流，包括数据库中前几周高达 40 PB 的销售数据。

及时的实时数据分析被视为驱动业务能力的关键。沃尔玛高级统计分析师 Naveen Peddamail 说：“如果不能提前做出判断，而是等到销售一周或一个月后再进行分析，那么这段时间内的销售机会就已经失去了。”

“我们的目标就是将信息尽快传递给我们的商业伙伴，以便他们及时采取行动，减少周转时间。这就是主动反应式分析。”

所有的业务团队都曾被邀请到“数据咖啡馆”内与分析师一起探讨他们的数据问题，最终设计出一个解决方案。此外，“数据咖啡馆”还有一个“监控系统”，时刻监控着公司的各项绩效指标，当某一指标达到一定的水平时，就会自动发出警报，并邀请负责该指标的业务团队与数据分析团队一起讨论相应的解决方案。

Naveen Peddamail 给出一个示例：一个食品杂货店团队一直被某个特定的商品销量出现意外下滑所困扰。他们的业务数据被提交到“数据咖啡馆”，数据分析师很快就发现销量的下降源于定价错误。当错误的定价得到及时纠正后，几天内销量就恢复正常了。

对不同地域内的不同商店的销售也可以进行实时监控。据 Naveen Peddamail 回忆，在某个万圣节前夕，公司对新品饼干的销售数据进行了监控。当分析师发现有几个地方新品饼干一点儿都没有卖出去时，立即向那些商店的经营团队发出警示，经营团队很快意识到，是他们忘记将新品饼干上架了。尽管这并不是一个复杂的算法，但是如果没有进行实时监控和分析，那么问题就不可能被发现。

另一个项目是沃尔玛公司的社会基因组计划，它用于监控公共社交媒体上的谈话内容，并试图据此预测人们即将购买的产品。沃尔玛公司也有“购物猫”服务，用于分析朋友之间是如何相互影响其购物习惯的（同样也是利用社交媒体数据）。沃尔玛公司开发了自己的搜索引擎——北极星，用于分析顾客在公司网站上输入的搜索信息。

结果如何？

沃尔玛公司开发的“数据咖啡馆”将一个问题从被发现到提出解决方案所花费的时间，从过去的平均两三周缩短为约 20 分钟。

使用什么样的数据？

“数据咖啡馆”使用不断更新的数据库是由 2000 亿行的业务数据组成的，但那也只是代表了最近几周的业务！

最重要的是，它还有 200 多个其他的数据来源，包括气象数据、经济数据、电信数据、社交媒体数据、天然气价格，以及一些发生在沃尔玛商店附近的事件的数据库。

技术性细节是什么？

沃尔玛公司的实时业务数据库包含 40 PB 的数据。虽然这个业务数据体量庞大，然而它仅包括最近几周的数据。尽管如此，只要进行实时分析就能发现存在的问题，这就是它的价值所在。来自连锁商店、在线部门和企业单位的数据，集中存储在分布式 Hadoop 数据存储和数据管理系统中。

公司首席技术官杰里米·金将这种方法描述为“数据民主”，其目的是向能够利用它的任何人提供数据服务。在某种程度上，从 2011 年采用分布式 Hadoop 框架后，分析人士开始担心，成交量的快速增长可能会导致其分析能力的降低。最终，沃尔玛公司采用“智能管理”的政策，在数据存储前，设置多个系统对数据进行设计提炼和分类。此外还采用了一些其他的技术（包括 Spark 集群计算系统和 Cassandra 数据库系统）和软件（如使用 R 语言和 SAS 语言开发分析应用程序）。

面临的挑战是什么？

沃尔玛公司拥有雄心勃勃的分析性操作计划，但相关业务的快速扩张导致人才需求的激增。要找到具备合适技能的专业人才并不是件容易的事。这个问题并非只困扰沃尔玛一家公司，最近 Gartner 咨询公司的研究人员进行了相关调查，发现超过半数的企业感到其大数据分析能力受到难以招聘到合适人才的困扰。

为了解决这个难题，沃尔玛公司采取了一种方法，即将这个难题转给众包数据科学竞争网站 Kaggle（本书将在 Kaggle 公司的案例中介绍这个方式）。

Kaggle 给网站的用户设置了一个挑战，涉及预测促销性事件和季节性活动，比如清仓大减价和假期活动，它们都会影响许多不同产品的销量。沃尔玛公司将那些提出最接近真实数据模型的人才聚集到一起，邀请他们加入数据科学团队，并为其提供相应的职位。事实上，在这些人当中，有一个人是在参与竞争后才发现自己更适合为沃尔玛工作的，他就是 Naveen Peddamail，在这本书中也介绍了他的思想。

一旦新的分析师开始在沃尔玛公司工作，他们就会展开其分析循环流程，会穿梭于不同的业务团队，负责数据分析工作，同时也广泛宣传在业务活动中如何利用数据分析。

沃尔玛公司的信息系统操作高级招聘专员芒达尔・塔库尔说："Kaggle 竞争为沃尔玛和我们的分析组织机构造了势。众所周知，沃尔玛生成并收集了很多数据，但最重要的是，让大众知道我们是如何战略性地利用这些数据的。"

学习的重点和启示是什么？

超市是一种体量巨大并不断变化的快速发展的企业，它是由许多单独的子系统组成的复杂有机体。正因如此，超市是应用大数据分析的理想行业。

竞争驱动了商业中的成功。在实施数据驱动业务方面，沃尔玛一直处于领先地位，比如忠诚度奖励计划。通过时刻专注于最新的进展和响应分析，沃尔玛保持了自身的竞争力。

与方便快捷的电商相比，零售行业实体店经常被视为"低科技含量行业"，就像在石器时代。事实上，几乎如同石器时代一样。与其他大型电商（如亚马逊或阿里巴巴）一样，沃尔玛也离不开先进的大数据技术。尽管在线购物看似更加方便，但仍有很多顾客还是愿意自己开车去商店购物。这就意味着零售行业实体店仍有巨大的市场，需要充分利用大数据进行分析，提高工作效率，改善顾客的体验，从而取得更加繁荣的发展。

2　欧洲核子研究中心：利用大数据解释宇宙的奥秘

背景

欧洲核子研究中心（CERN）是一个国际性科研组织，它利用大型强子对撞机（LHC）进行着人类历史上最大和最先进的物理实验。大型强子对撞机“隐匿”在瑞士与法国的交界地带的地下 600 英尺、长度达 17 英里的隧道内，旨在模拟宇宙大爆炸后数毫秒内的初始状态。它可以让物理学家们寻找到难以捉摸的理论粒子（如希格斯玻色子），以帮助我们探索宇宙形成的奥秘。

如果没有互联网和大数据，欧洲核子研究中心的项目（如大型强子对撞机）是不可能实现的。事实上，在 20 世纪 90 年代，互联网最初就是在欧洲核子研究中心诞生的。蒂姆•伯纳斯•李常被称为“互联网之父”，他在欧洲核子研究中心工作时，参与开发了万维网超文本协议。互联网最初的应用目的就是为了促进世界各地研究人员之间的相互沟通。

每年，大型强子对撞机单独生成约 30 PB 的信息，这相当于 15 万亿张打印的文本，足可以装满 6 亿个橱柜。对任何人来说，这显然就是大数据！

2013 年，欧洲核子研究中心宣布发现希格斯玻色子。许多科学家均已证明：这个粒子的物理学标准模型是正确的。这也证实了人类关于宇宙在亚原子层面上的运作认知基本上是正确的。当然，目前仍存在许多待解的谜团，尤其是涉及引力和暗物质方面。

大数据有助于解决什么问题？

在大型强子对撞机中监测到的碰撞发生的速度非常快，由此产生的亚原子包含许多难以捉摸的“碎片”，但是我们感兴趣的粒子只能在其发生衰变前“存活”百万分之一秒。欧洲核子研究中心正在寻找引发释放粒子的具体条件，这种释放仅发生在非常精确的特定条件下，因此大型强子对撞机需要监视和记录每秒内发生的成千上万种碰撞，并希望传感器能够将它们记录且存储下来。

大型强子对撞机的传感器记录着数亿粒子之间的碰撞，其中一些粒子在对撞机中被加速到接近光速的状态。在这一过程中，产生了大量的数据，这就需要非常敏捷的设备来测量和记录实验结果。

如何在实践中使用大数据？

大型强子对撞机主要应用于4个主要的实验，涉及全球范围内约8000位分析师。他们通过数据分析来寻找反物质粒子、暗物质和额外的时空维度，探究一些难以捉摸的理论并试图寻找问题的答案。

大型强子对撞机内的传感器收集并监测着每秒数亿粒子发生碰撞的信息。传感器接收光线信号，从本质上说它们都属于摄像头，其分辨率高达 1 亿像素，因此能够以极高的速度捕获图像信息。

收集到碰撞信息后，科学家们通过算法对这些数据进行分析，挑选和整理出外来粒子在出现和消失时留下的能量特征痕迹——这正是欧洲核子研究中心正在寻找的目标。

利用算法可以比较图像结果与理论数据之间的差异，解释我们找到的目标粒子（如希格斯玻色子）是如何进行活动的。如果结果和数据相匹配，就证实传感器发现了目标粒子。

结果如何？

2013 年，欧洲核子研究中心的科学家宣布：他们于 2012 年 7 月 4 日发现的新粒子就是希格斯玻色子。虽然这个粒子在理论上已经存在了数十年，但由于受到实验技术的局限而一直得不到证实，这次发现是科学领域的巨大飞跃。

这一发现使得科学家们对宇宙的基本结构和组成我们所看到的大千世界的基本粒子之间的复杂关系有了突破性的科学认知。

自 20 世纪 50 年代欧洲核子研究中心成立以来，它已经取得了许多重大的科学突破，成就了许多世界一流的科学家。

使用什么样的数据？

在质子加速到 99.9%光速的过程中，大型强子对撞机使用光传感器收集和记录碰撞的数据和放射性尘埃。在碰撞期间，大型强子对撞机内的传感器接收衰变粒子释放的光能量，并将其转换为数据记录，然后通过计算机算法进行分析。

大部分数据是非结构化数据，基本上是以图片的形式记录下来的。算法将光传感器记录的信息转换为数学数据。对于我们追踪的一些粒子，要将其理论数据与传感器采集到的数据进行匹配，以便确定传感器捕捉到的信息。

技术细节是什么？

全球大型强子对撞机计算网格是世界上最大的分布式计算网络，它包括分布在35个不同国家中的170个计算中心。为了开发出可以每年处理30 PB信息的分布式系统，欧洲核子研究中心启动开放实验室项目，它与多家数据专家公司合作，包括甲骨文公司、英特尔公司和西门子公司。这一网络有超过20万个核心点和15 PB的磁盘空间。

因此，由欧洲核子研究中心7个传感器提供的数据，从原本每秒300 GB的数据，最终削减至每秒提供 300 MB 的“有用的”数据，这些数据构成产品的原始数据。这些原始数据作为一个实时数据流提供给与欧洲核子研究中心合作的学术机构。

欧洲核子研究中心开发出动态增加额外计算能力的方法，它在不离线的情况下增加了网格的数据处理能力，从而满足高峰时期对计算能力的需求。

面临的挑战是什么？

大型强子对撞机以非常快的速度收集大量的数据。对于这些数据，地球上尚无任何组织有足够的计算能力和资源进行全面分析和及时处理。为了解决这一问题，欧洲核子研究中心开始进行分布式计算方法的研究。

其实，欧洲核子研究中心使用分布式计算已经有一段时间了。事实上，今天的互联网最初就是为了解决科学家们总是需要集中前往位于日内瓦的欧洲核子研究中心对实验结果进行分析这个问题而研发的。

在欧洲核子研究中心创建的大型强子对撞机分布式计算网格中，有相当多的计算中心是学术和商业组织的私有计算中心，它们与欧洲核子研究中心是合作的关系。

这种并行的分布式计算网格的处理能力甚至比世界上单个的最强大的超级计算机的运算能力还要强，这就意味着它每秒可以完成更多的数据计算。

学习的重点和启示是什么？

欧洲核子研究中心实施的开创性的工作，大大提高了人类对宇宙奥秘的认知水平。如果没有大数据分析，这根本是不可能实现的。

欧洲核子研究中心与大数据技术共同发展，欧洲核子研究中心是互联网发展的重要催化剂，它将我们今天的生活带入到了大数据时代。

分布式计算可以完成的任务已远远超出任何一个组织可以单独完成任务的能力。

3 Netflix：利用大数据让观众欣赏想看的节目

背景

Netflix 公司提供流媒体电影和电视服务，在高峰时刻它占用了美国互联网流量的三分之一。现在，Netflix 拥有 50 多个国家 6500 万名会员，提供超过 1 亿小时的电视和电影节目。这些用户数据已经被收集和监控起来，通过分析这些数据，Netflix 公司可以了解用户的观看习惯。但是，Netflix 公司的数据不仅是字面意义上的“大”，它也是数据与尖端的分析技术的结合，这使得 Netflix 公司拥有真正意义上的大数据技术。

大数据有助于解决什么问题?

好莱坞富有传奇色彩的编剧威廉·戈德曼有一句关于票房的经典论断：“结果无人知晓！”

在互联网和大数据时代，Netflix 公司决心推翻威廉·戈德曼的论断——利用大数据预测票房结果。

如何在实践中使用大数据?

您只需浏览一下 Netflix 公司网站页面，就会认真对待数据和分析！Netflix 公司招募专家组成专门的技术团队，研究在诸多特定业务领域应用的分析技巧，如个性化分析、信息分析、内容交付分析、设备分析等。尽管 Netflix 公司在其各项业务中都使用大数据，然而他们的“杀手锏”却一直是预测顾客喜欢看什么样的视频节目。大数据分析是推动“推荐引擎”前进的动力，它一直在为这一目的而服务。

从 2006 年开始，Netflix 公司就致力于观众喜好的预测。当时，Netflix 公司主要提供 DVD 邮寄租赁业务（一年后开始提供流媒体服务），并推出了 Netflix 大奖——设立 100 万美元的奖金，用于奖励设计出有效提高推荐引擎效率的最好算法的团队。这个算法应根据客户之前对电影的评级来预测客户将会对某一部电影做出何种评价。2009 年，Netflix 公司宣布了获胜的算法。尽管这一算法仍需要不断的完善，但它已经成为推荐引擎的一个关键元素。

起初，分析师没有足够的客户信息，他们只能对仅有的客户 ID、电影 ID、评级和观看电影的日期这 4 类数据进行分析。一旦流媒体成为主流业务，就可以采集更多的客户数据，并依此建立模型，以便提前预测客户的喜好。毕竟，只有感到愉悦的客户才更有可能继续订阅 Netflix 公司提供的服务。

影片标签是 Netflix 公司向其客户推荐影片的另一个核心要素。Netflix 公司会向观看电影或电视剧并为影片中所包含的元素添加标签的客户付费，然后 Netflix 公司会向这些客户推荐那些与其喜好有类似标签的其他影片。有时，Netflix 会推送令顾客感到莫名其妙的“建议”（如“古怪的青少年喜剧主演女汉子”，是不是有点儿像机器人说的话？）；同样，它也经常会向顾客推荐一些评级只有一两个星的电影或电视剧。这些推荐似乎与我们的直觉相矛盾，无法让我们欣赏自己喜欢的影片。但现实的情况是，这些评级直接影响了观众对影片的选择，观众选择影片时更多地依赖于这些评级，而不是考虑影片本身是否具有引人入胜的内容。事实上，Netflix 公司已经按照观看习惯将电影或电视剧细分为近 8 万个的“微类型”！

最近，Netflix 公司已经渐渐将自己定位为内容创造者，而不再局限于对电影视频和其他网络节目的“配送”。公司的策略也一直坚定地受到大数据的推动。例如，Netflix 公司通过分析采集到的大数据发现，订阅客户非常喜爱由大卫·芬奇执导、凯文·史派西主演的影片。因为 Netflix 公司对自己的“完美的电视节目”预测模型非常有信心，所以在对电视节目《纸牌屋》的版权竞标时，他们打破了先看样片再投资的传统模式，一开价就投资拍摄两季共 26 集的电视剧，从而完胜包括 HBO 和美国广播公司在内的竞争对手。Netflix 公司根据大数据分析得出的结果控制着节目生产的各个方面，甚至包括如何利用产品封面图片颜色来吸引观众观看。

Netflix 公司期待改善的终极指标是提高顾客订阅其节目的小时数。如果顾客觉得订阅的服务没有达到期望的水平，他们就会取消订阅服务，不再为此付费。为此，各种影响“体验质量”的因素被密切监测，并通过构建模型来探究它们是如何影响用户行为的。Netflix 公司通过收集、分析终端用户的物理位置对观众体验产生的影响的大数据，确定提供服务数据的优化位置，以便向尽可能多的家庭提供最佳的服务。

结果如何？

从 Netflix 公司在 2015 年 4 月致其股东的信中可以看出，他们的大数据战略已经开始奏效——2015 年第一季度新增 490 万用户，而 2014 年第一季度仅有 400 万的新增用户。Netflix 公司将这一成果归功于“前所未有的内容提升”，包括《纸牌屋》和《女子监狱》。这些原创内容不仅提升了新客户的申请数量，也留住了老客户。事实上，90%的 Netflix 公司会员受到了其原创内容的吸引，显然这得益于 Netflix 公司成功地预测了观众的喜好。

如前所述，Netflix 公司期待改善的终极指标是提高顾客订阅其节目的小时数。事实上，仅在 2015 年第一季度，Netflix 公司会员观看时长已达 100 亿小时。如果 Netflix 公司继续推进和发展大数据战略，那么这一数字还将继续增加。

使用什么样的数据？

推荐算法和内容决策主要考虑的是客户喜欢看什么主题的电影、每天什么时间看电影、选择电影所花费的时间、暂停视频播放的频率 （由于用户权限或网络限制等原因导致的）和评级。为了分析客户的观赏体验，Netflix 公司收集了客户地理位置信息和视频延迟数据信息，这些延迟是由缓存（再缓冲率）、位速率（会影响图像质量）等因素决定的。

技术细节是什么？

Netflix 公司的大量的电影和电视节目的目录不仅托管在亚马逊网络服务（AWS）云中，同时也在世界各地其他 ISP（因特网服务提供商）和主机中有镜像备份。Netflix 公司不仅通过减少流媒体内容在全球范围内传送时所造成的延迟来改善用户体验，也降低了 ISP 的成本——避免在向居家客户传送影片前，由于从 Netflix 公司服务器中下载数据而产生的成本。

据说在 2013 年，他们的目录文件的大小已经超过 3 PB，这些海量数据组成了不同内容的主题。目前，为了满足许多不同设备对视频回放的需要，Netflix 公司需要用 120 种不同的视频格式对视频文件进行存储。

Netflix 公司早期使用的是基于 Oracle 数据库的系统，后来转向 NoSQL 和

Cassandra 系统，因为这两个系统可以对非结构化的数据进行更复杂的大数据驱动分析。

在 Hadoop 分布式系统基础架构 Strata+的世界发布会上，Netflix 公司库尔特 •布朗领导的数据平台团队解释了 Netflix 公司的数据平台不断发生的演变。Netflix 公司使用的数据基础设施包括大数据技术（如 Hadoop 分布式系统基础架构）、Hive 数据仓库、Pig 编程语言，以及传统的商业智能工具（如 Teradata 工具和 MicroStrategy 工具），也包括 Netflix 公司的开源应用程序和服务（如 Lipstick 技术和 Genie 技术）。如同 Netflix 公司所有的核心基础设施一样，这一切也都运行在 AWS 云中。展望未来，Netflix 公司正在探索流媒体的 Spark 计划、机器学习和分析应用案例，并继续为自己的开源套件增加新的功能。

面临的挑战是什么？

虽然很多由 Netflix 公司收集的元数据是非常简单且容易量化的结构化数据（只是为了了解观众喜欢看哪个演员的节目，以及他们每天在什么时段观看电影或电视节目），但它很早就意识到有很多有价值的数据也存储在散乱的、非结构化的音/视频内容中。

为了让计算机能够分析这些数据并释放其商业价值，这些数据必须以某种方式被量化。Netflix 公司采取的量化方式是，招募成千上万的观众，让他们坐下来观看数小时的电影，并精心标记在电影中发现的元素，Netflix 公司为此向这些观众支付一定的费用。

被招募的观众首先要阅读完一份 32 页的工作手册，然后开始对观看的电影或电视剧的主题、事件和图案进行标注，比如“一个英雄的虔诚的主显节经历”，或者“一个坚强女性的艰难的道德选择”。目前，Netflix 公司已经将这些影片标注数据细分为近 8 万个“微类型”，如“会说话的动物的喜剧电影”或者“同性恋主题的历史剧”。通常，观众只会简单地说自己喜欢看恐怖片或谍战剧，而 Netflix 公司现在可以更准确地判断观众究竟喜欢看哪种类型的影片，并且可以据此预测出观众将要看哪部影片。这就是从杂乱的非结构化数据中提取可以实现定量评估（大数据的基本原则之一）的数据结构的问题。

据说，现在 Netflix 公司已经开始利用软件来对影片进行自动标记，这种软件可以对屏幕上显示的节目内容进行“快照”，并将其保存为 JPEG 格式的图像文件，然后利用面部识别和色彩分析等先进技术对其进行分析。这些快照既可以“动态”获取（在影片播放时按照预先设定的时间间隔自动获取），也可以“静态”获取（在暂停或停止播放状态下获取）。例如，如果分析结果表明某些观众在观看完血腥或者色情的场景后有关闭画面的倾向，那么当他们再次观影时，Netflix 公司会推荐题材比较庄重的影片。

学习的重点和启示是什么？

对于网络公司、经销商和生产商（现在 Netflix 公司在媒体行业充当着以上所有的角色）来说，能够预测观众接下来想看什么内容是一件非常重要的事情。尽管 Netflix 公司现在已经在这一方面处于领先地位，但是它也受到竞争对手（如葫芦网视频和亚马逊即时票房业务）的挑战，而且不久后，苹果公司也会改善其自身的数据分析能力。随着时间的推移，预测内容领域内的竞争将变得越来越激烈，因此我们也有望在此领域内看到持续不断的创新驱动。

Netflix 公司已经开始构建“个性化电视节目”等基础项目，利用这个项目可以根据个体观众的喜好分析来建立他们自己的娱乐消费时间表。尽管这个想法在电视网络上已经谈论了很长一段时间，但是直到现在——大数据时代来临了，我们才开始将这个想法变为现实。

4　劳斯莱斯公司：利用大数据促进公司制造领域的成功

背景

劳斯莱斯公司生产和制造的大型发动机广泛应用于 500 多家航空公司和 150 多支武装力量。毫无疑问，这些可以产生强大推力的发动机使得劳斯莱斯公司需要经常处理和利用大量的数据。正因如此，劳斯莱斯公司已成为一家全心全意利用大数据的公司。

大数据有助于解决什么问题？

航空发动机行业是一个科技含量非常高的行业。在该行业中若发生失败和错误，将会造成数十亿美元的损失，甚至可能威胁到人们的生命。因此，对于公司来说，在发现潜在问题之前监控产品出现的质量状况就显得至关重要。劳斯莱斯公司收集到的数据有助于设计出更强大和更可靠的产品，保持较高的效率，并向客户提供更好的服务。

如何在实践中使用大数据？

劳斯莱斯公司利用大数据处理三个关键领域的操作——设计领域、制造领域和售后支持领域。接下来，让我们逐个分析每个领域的情况。

公司首席科学官保罗·斯坦表示："我们可以在设计过程中利用超级高功率集群计算能力。在对每个飞机引擎进行模拟过程中，我们都会生成数 10 TB 的数据信息。然后，我们需要使用一些很复杂的计算机技术，研究大规模数据集合并可视化我们设计出的特定产品，从而判断产品的优劣。大数据可视化技术与我们用来操纵它的技术同样重要。"事实上，公司希望最终能够可视化他们的产品，观察产品在所有可能极端条件的使用情况。现在，他们已经努力去实现这个愿望。

公司的制造系统越来越趋向于网络化，并且相互交流驱向于利用基于网络连接的物联网工业环境。“我们刚刚在英国的罗瑟汉姆市和桑德兰市开设了两个世界级的工厂，生产喷气发动机的涡轮盘和涡轮叶片”，斯坦说到，“创新不仅存在于复杂且精确的金属加工过程中，而且它也应用于自动测试方案和我们工厂中监控组件质量的方式。我们正在向互联网解决方案迅速迈进。”

在售后支持方面，劳斯莱斯公司生产的发动机和推进系统都安装了数百个传感器，它们可以记录每个细小的操作，实时向工程师报告任何数据的变化，然后工程师根据变化情况决定最佳的行动方针。劳斯莱斯公司在世界各地都有运营服务中心，专家级别的工程师们可以从这些服务中心得到并分析发动机的反馈数据。他们可以合并源自发动机的数据并标注发动机可能需要维护的因素和环境条件。人们可以在某些情况下采取干预行动，从而避免或减轻可能造成的任何问题。随着技术进步和发展，劳斯莱斯公司希望利用电脑进行自动干预。

随着民用航空发动机可靠性的逐步提升，目前研究重点转移到如何发挥它们的最佳效能，以便节约航空燃料并满足他们的计划安排。鉴于大数据分析可以帮助劳斯莱斯公司提前数天或数周识别所需要进行的维护操作，所以航空公司期待可以一直安排航班而不必中途停班。为了实现这个目标，机载引擎分析处理每个航班所生成的大量数据，并向地面基站传送用于进一步分析的相关重点数据。一旦飞机停靠在机场登机口，所有的飞行数据都可以供工程师用于提升检测性能的检查。“我们要集中分析所有的数据。”斯坦说，“我们正在寻找表明发动机需要接受服务的异常信号，包括压力、温度或者振动。”当故障出现时，劳斯莱斯公司会收集大量的相关数量并对其进行分析，以便预测类似问题在什么情况下会再次发生。这些信息在完成整个过程后将反馈到设计环节中。

结果如何?

大数据分析最终帮助劳斯莱斯公司改进了航空发动机的设计过程，缩短了产品开发时间，提高了产品的质量和性能。尽管该公司拿不出精确的数据，但是他们声称采用这种大数据驱动式的故障诊断方法，可以帮助他们纠正和防止故障再次发生，从而大幅度地降低了成本。他们还说，他们的流水线生产过程可以在设计过程中消除未来产品的故障。

这也产生了一种新的商业模式。劳斯莱斯公司可以深入洞察产品操作过程，这意味着劳斯莱斯公司已经能够向客户提供他们称之为“全面护理中心”的新的服务模式。全面护理中心按发动机使用的小时数向客户收取费用，并承担所有的维护费用。“创新服务交付过程是一个 gamechanger 革命性的改变，我们对引领这一行业的关键性发展感到自豪，”斯坦说，“除了零售行业之外，这是我所知道的利用大数据的最复杂的行业。”

使用什么样的数据？

劳斯莱斯公司把分析重点放在内部数据上，特别是安装在公司产品上的传感器所获取的数据。这些传感器可以通过无线传输的形式接收飞机（在飞行途中通过超高频无线电信号和卫星通信，在机场登机口通过 3G/Wi-Fi）的操作数据，并且这些数据混合了各种性能报告。这些数据通常包括飞行关键阶段发动机性能的快照，如起飞阶段（发动机最大功率阶段）、飞机攀爬和巡航阶段（稳态阶段）。其他报告详细地提供了飞行过程中任何可以获取事件发生前后高频记录的有趣的事情。飞机产生的维护信息、运动报告（时间戳和地点）和飞机配置文件提供了更多的细节。

公司也在他们自身的生产过程中生成了大量的数据。斯坦给出了一个具体的例子：“在新加坡开设的新工厂中，我们对每个涡轮叶片都要生成 0.5 TB 的制造数据。因为我们在这里每年都要生产 6000 个涡轮叶片，所以总共产生了 3 PB 的数据信息。这是一个很大的数据。”

技术细节是什么？

存储

数据量的迅速增加，不仅是飞机数量增长的原因，而且还有飞机配备数据的增加。最新一代引擎传递的信息相当于 20 世纪 90 年代引擎配备信息的 1000 倍。这也激发了对低成本、可扩展、快速处理和快速检索的需求。劳斯莱斯公司通过专有的存储方法可以维持一个安全、强大的私有云设备，这种方法可以优化通过该设备的所有数据，同时为线下调查存储大量的数据。展望未来，随着包括物联网数据在内的多个数据源的结合，云存储将会被越来越广泛地使用并为公司客户开辟新的服务模式。这也将提升我们两个方面的数据挖掘能力，一是调查飞机飞行性能数据，二是寻找新的机会来进一步改进或扩展提供服务。

分析

劳斯莱斯公司使用复杂和先进的数据分析技术密切监视传入的数据流。它采取两种模式进行监控，一种是特征匹配识别退化模式，另一种是异常行为模式。强调利用这两种方法是为了尽早发现问题，得出确定的诊断和预防，同时可以最小化产生错误的概率。无论数据的大小，它都是分析项目的核心，如果输出的结果可信度较低，或者没有及时提供给合适的人群，那么这种努力就白费了。

面临的挑战是什么？

缺乏训练有素和经验丰富的数据分析人员是所有公司面临的一个通病，当然这对劳斯莱斯公司来说也不例外。“技能方面总是一个问题，”斯坦说，“尽管招募一流人才从来都很困难，但是我们可以自己亲自跑一趟顶尖人才所在地，这样会更容易招募一些。”

为了解决这个难题，2013 年劳斯莱斯公司把大数据研究列为企业研究实验室的核心内容，并与新加坡南洋理工大学合作成立了研究中心。公司进行了一些关键领域的研究，如电源和控制系统，生产和维修技术以及计算工程。这种研究方法建立在公司与包括英国在内的世界各地顶尖大学的现有伙伴关系上，以便确保帮助公司更容易获得充满激情的人才。

学习的重点和启示是什么？

随着社会的发展和技术的进步，劳斯莱斯公司完成了从“旧工业时代”巨头到“新工业时代”巨子的华丽转变。劳斯莱斯公司作为完美转变的一个很好的例子，关键在于紧跟数据时代的创新大势，过去它通过辛勤的汗水拼搏打造未来，现在它通过大数据改善产业、提高效率。正如斯坦所说：“像许多成功的企业一样，劳斯莱斯开始着手越来越多的大数据工作。在劳斯莱斯看来，重点不是大数据会不会来临，而是它会以多快的速度来临并改变我们的生活。从某种程度上来说，大数据技术可以看成数字技术对传统机械或电子行业的一次入侵。现在我们可能觉得已经对大数据有了不少了解和认知，其实大数据远不止这些，未来大数据的发展将会在我们认知体系中占据更大的比重。”

大数据技术帮助劳斯莱斯公司取得了长足的发展，其实，无论公司是否属于工业巨头，大数据技术都同样适用，对各种类型和规模的公司都能奏效。毫无疑问，未来关于企业是否应该使用、何时使用以及如何使用大数据的争论，将不会存在，大数据时代终究要来临。

5 荷兰皇家壳牌公司：大型石油企业利用大数据

背景

荷兰皇家壳牌公司是世界上第四大收入公司。它与英国石油公司、埃克森美孚公司、道达尔公司和雪佛龙公司一道被称为石油领域的“巨头”，它们提取的燃料为人类文明的发展所需的能源提供了保障。

壳牌公司采用垂直整合的业务，和将化石燃料转换成为家庭、车辆和企业提供能量过程的每个步骤都密切相关，包括提取、精炼、包装、分销和零售等过程。

近年来，为了提高效率、降低成本，以及提高整个行业的安全状况，壳牌公司提出了“数据驱动式油田”的概念。

大数据有助于解决什么问题？

人口的不断增长和不可再生资源的不断减少，导致全世界正面临着能源危机。目前，我们消耗的能源绝大多数仍然属于不可再生能源，如石油、天然气和煤炭。现在，人类正在尝试通过可再生资源或可替代资源来产生更多的能源。

受到世界上许多地区政治不安定因素的影响，目前已知的能源供应量正在减少，许多地区的能源勘探难度进一步增加，这就意味着开采成本将不可避免地上涨。

目前，各国都在寻找碳氢化合物能源，这需要大量的人力、设备和能源。由于典型的深水油井的钻井成本的运行费用达到 1 亿美元或更多，所以绝对有必要将钻井的位置确定在可以提供最好回报的地方。

如何在实践中使用大数据？

传统上，探索新的能源需要将传感器插入到地下，以便接收由构造活动引起的低频地震波。

这些地震波的能量可以穿过地壳，不同的传感器根据这些波是否穿越固体岩石、液体或气体物质对它们进行识别，探测碳氢化合物能源可能沉积的位置。

这种探测在过去通常可以证明地壳内部是否含有能源，然而它需要昂贵并耗时的探测性钻探，以便确认初步调查的结果。在许多情况下，这些探测性钻探结果往往是令人失望的，投入的成本可能超过了能源储量可能带来的收益。

然而，由于我们大幅增加了监控、记录和分析数据的能力，近年来我们已经开发出更加高效的技术。与先前的一项调查可能涉及数千个数据相比，今天它所包含的数据已经超过一百万个。这些数据需要上传到分析系统，并与来自世界各地的其他钻井网站的数据进行比较。如果这些数据与其他网站上已发现丰富能源的资料数据相匹配，那么全面开采就有可能获得较高的回报。

此外，壳牌公司也将大数据技术用于监控设备的性能和环境条件。通过使用制造业和工程行业的先进技术，设备上的每一个传感器都可以收集钻井现场操作中的数据，并用于原油性能和分解的可行性分析。它可以更有效地进行日常维护，从而进一步降低成本。

在公司物流、分销和零售功能方面，包括当地经济因素和气象数据在内的许多来源于公司外部的数据也被合并到大数据中，通过复杂的算法可以确定付出的最终成本是否物有所值。

结果如何?

虽然壳牌公司（也包括其他的石油天然气勘探开发公司）不愿意公开它们收集的数据和分析方法，但他们声称，通过大数据分析得出的结论，使得他们对自己准确预测石油储存位置的能力更有信心。

当然也存在一些令人担忧的情况——超级巨头在全球每年增加百分之一的石油钻机数量，足够为地球额外提供三年的能源燃料。

使用什么样的数据?

壳牌公司通过监测地表下的地震波收集相关数据，通过这些数据可以计算石油和天然气资源可能储量的大小。这些测量数据和分析方法是受到严格保护的商业秘密。事实上，在钻探开始之前，数以百万计的测量费用就已经在事先给定的地点开始产生。

技术细节是什么？

壳牌公司使用惠普公司开发的光缆和传感器技术对潜在的钻探地点进行调查，司通过使用运行在亚马逊网络服务器上的 Hadoop 基础设施对数据进行存储和分析。尽管数据量也是行业秘密，但是第一个测试收集了 1 PB 信息的系统已被众所周知，据估计到目前为止，壳牌公司通过他们的“数据驱动式油田”项目生成了约 46 PB 的信息。他们的数据分析团队约由 70 名员工组成。

壳牌公司也曾与 IBM 公司和梦工厂电影特效专家合作，他们开发出的可视化工具允许分析师看到以 3D 和 4D 形式呈现的信息，从而可以帮助他们勘探石油储量。

面临的挑战是什么？

石油领域已生成了大量的数据，并且这些数据一直在大幅增加，这就意味着必须开发出更多、更先进的分析技术，以便更有效地确定“噪声数据”背后的有价值的信息。由于现有的分析平台无法对生成的大数据进行准确的预测和分析，所以需要大规模系统升级。

此外，从某些方面来看，当行业从确定的、基于观察的方法转变为基于数据驱动的概率模型方法时，最初会存在一定的阻力。

当然，最近已经报道过好多次“非常规资源”（如页岩气和致密油）可能被用于填补由于日益昂贵的传统能源所引起的缺口。然而如何提取这些能源是现在面临的难题，因为一些新的有争议的方法缺少相应的历史数据，如水力压裂法。

然而，作为在大数据革命期间形成的一个支柱型行业，这个领域内的许多研究已经取得快速进展。

学习的重点和启示是什么？

在找到可靠的替代能源前，全球仍依赖于化石燃料。寻找新的石油储量比较困难，而且开采的成本日益上升，大数据是提升效率、降低提取和配送成本的关键。

对于高度垂直整合的行业（如燃料行业），效率的累积效应会沿着供应链传递。这意味着可以在供应链的每个阶段都应用分析方法，从而识别在哪个阶段可能会带来瓶颈问题，以及效率最有可能提高到什么程度。

尽管石油和天然气公司持续创造巨大的利润，但是能源生产领域中成本的波动往往会导致国际的市场波动，并有可能对我们每个人的生活成本产生巨大的连锁反应，同时也可能产生政治影响。更准确地预测，以及更高效、精简地配送，都将有助于减少这种波动。

6 Apixio 公司：利用大数据改变医疗行业

背景

2009 年，Apixio 公司在美国加利福尼亚州成立。它是一家认知计算公司，成立的宗旨是从数字化病历中提炼临床知识，从而提高医疗决策水平。公司拥有医疗专家小组、数据科学家小组、工程师小组和产品专家小组，公司现在将发展目标定位在使医疗服务提供者能够从基于临床实践的护理调整为个性化的单独护理。

大数据有助于解决什么问题？

80%的医疗和临床病人的诊疗记录都属于非结构化的数据信息，如医生写的病历。Apixio 公司 CEO 达伦・舒尔特解释说："如果我们想要学习如何更好地为个人提供服务，以及如何将人们的健康作为一个整体来选择护理方法，那就需要对这些非结构化的数据进行挖掘，从而得出自己的见解。"因此，医疗问题不是缺乏数据，而是这些数据是非结构化的。很多医疗服务提供者使用不同的格式、模板和系统提供这些信息。为了解决这个问题，Apixio 公司想出了一个办法来访问这些临床信息，并让这些信息更有意义。

如何在实践中使用大数据？

尽管电子健康记录（EHR）已经存在了一段时间，但是在设计这些记录时，却没有考虑如何便于数据分析，而且许多存储的数据使用了不同的系统和格式，所以在 Apixio 公司对任何数据进行分析前，首先要提取来自各种数据源的数据（可能包括医生的记录笔记、医院记录和政府医疗保险记录等），然后将这些信息转化为计算机可以分析的信息。医生的诊断说明可以有许多不同的格式，有些是手写的，有些是扫描成 PDF 格式的文件，所以 Apixio 公司使用光学字符识别（OCR）技术创建了一个用于表示所有信息的文本，这样电脑便可以进行阅读和理解。

Apixio 公司使用不同的方法和算法处理数据，这些方法都是基于机器学习和自然语言处理能力的。可以在个体层面对数据进行分析，并创建单个病人的数据模型；为了对疾病发病率和治疗模式等有更多的了解，它也可以聚集更多周围的人进行调查。舒尔特解释说："我们创建一个'病人对象'，这个对象在本质上是一个组装的概要文件，它处理和挖掘文本，驱动并编码医疗数据。通过对这些群体创建个人档案和收集个人类似的相关资料，我们可以得出什么医疗方式是可行的，以及什么方式是不可行的结论，这将成为个性化医疗的基础。"

传统的循证医学在很大程度上基于有缺陷的研究方法或特定的随机临床试验研究，但是这些特定的随机研究因为人数相对较少而无法推广它们的成果。通过在世界范围内挖掘基于实践的临床数据——每个人有什么样的状况以及什么治疗方法会对他奏效等——这些数据可以帮助了解很多他们所关心的个人治疗方式。舒尔特医生（Apixio 公司的首席执行官，之前曾被任命为首席医疗官）曾说过："我认为这可以有效地突破'我们在医疗行业所做的事情'。我们可以了解更多的医学实践，并完善我们的临床护理方法。这让我们更接近于一个'学习医疗保健系统'。我们对于什么方式能起作用以及什么方式起不了作用的理念得到了更新，同时这些理念源于现实世界的数据支撑。"

Apixio 公司的技术平台推出的第一个产品是 HCC 分析器。使用这种产品的顾客分为两类，即保险计划和卫生保健供给网络（包括医院和诊所）。医疗是他们业务的重要组成部分，特别是对于那些在医疗保险内的个人，他们选择健康维护组织（HMO）风格的计划（称为医疗保险优先计划），这部分人的数量在美国达到了 1700 万。健康计划和医疗组织有管理照看这些人医疗费用总成本的需要。为了实现这一目标，这些组织需要了解更多关于个人的信息，如正在积极治疗什么疾病？病情的严重程度怎么样？提供给这些人的是什么样的治疗方法？这时就可以访问并挖掘 80%的医学数据，这些数据包括电子记录、计费和行政数据集在内的编码数据，这样使得回答前面这些问题变得很容易，而在过去这些数据都是无法进行分析的。

结果如何?

对于那些属于医疗保险优先计划的病人，医疗保险向赞助健康计划或提供服务的组织提供"定额支付"——基于当年所有的预期医疗成本所计算出的每个个体每月的支付金额。付款计算所使用的成本预测模型需要考虑包括数量、类型及个体治疗病症的严重程度在内的很多因素。理解这些因素至关重要，因为我们不仅需要估计某个特定时期内个人的医疗成本，而且也因为信息对于更好地管理所有人的医疗数据非常有帮助。传统上，为了理解这类患者的信息，经过培训的阅读图表和编码信息（"编码员"）的专家必须阅读整个病人的病例，并搜索与治疗疾病相关的文档记录。从病人的记录中提取信息是一种艰苦并且成本昂贵的工作，并且也充满了人为错误。Apixio 公司已经证实：利用电脑可以使编码员每小时阅读图表的速度达到手工检查的 2～3 倍。除可以加快过程图的阅读速度外，Apixio 公司还发现使用电脑得出的结论也更加准确。相对于一个编码员自己手动阅读图表所发现的信息，电脑阅读可以将精确度提升 20%。

使用电脑的另一个好处是它可以找到病人的文档缺陷，在没有最近评估和计划的情况下，这种好处被认定为病人慢性疾病史上的一种医学符号。例如，在 9 个月的时间内共有 25000 名患者，但是 Apixio 公司发现超过 5000 人的疾病没有明显的记录和适当的实例。这种文档缺陷导致无法准确地描述疾病的规律和治疗措施，从而影响病人护理的协调和管理。但这些文档的缺陷对于更好地培训医生做好适当的文档记录提供了一个很好的方法。舒尔特说："如果没有获取正确的信息，如何有针对性地治疗和护理病人呢？如果您不知道正在治疗什么疾病，以及哪些人患有这种疾病，那么您就不会知道如何看护这些病人，以及如何通过管理来降低成本和提高治疗效果。"

使用什么样的数据？

Apixio 公司可以处理结构化和非结构化数据，但大部分的数据和打印的临床图表一样属于非结构化数据，包括全科医生说明、会诊医生说明、放射学诊断说明、病理结果和来自医院的出院证明等。他们还有需要提交到政府部门（这种情况称为医疗保险）的疾病和程序上的信息。

技术细节是什么？

Apixio 公司大数据的基础设施是由许多著名的基础设施组件构成的，其中包括像 Cassandra 这样的非关系数据库技术，以及像 Hadoop 和 Spark 这样的分布式计算平台。Apixio 公司已经增加了自己定制的编排和管理层，它可以自动触发 Apixio 平台上不能手动操作的系统。所有的操作均发生在亚马逊网络服务（AWS）的云中，Apixio 公司选择 AWS 是由于它的鲁棒性、医疗隐私、安全性和法规遵从性。它利用自己的算法和机器学习过程对一切事情进行内部处理和分析，而不是使用外部提供的大数据。Apixio 公司本身创建的"知识图谱"可以让您从中了解数以百万计的保健概念和术语，并理解它们之间的关系。有一种专门的医疗保健类型的工具，它包含许多开箱即用的解决方案，这些方案源自许多并不直接为公司工作和服务的行业，公司通过大数据提供商为它提供方案。病历图表以 PDF 或 TIFF 文件格式进行存储，也包括保险计划中主要的健康数据。因为获取图表需要从提供者办公室通过传真进行传输，然后在医疗办公室打印或扫描相关的要求记录，因此，Apixio 公司开发出利用和拓展OCR的成熟技术，这种技术根据医疗机械扫描图表本身的算法让这些图表具备可读性。复杂的计算工作流程需要预处理图像，设置OCR引擎的参数，以及从可用的扫描图中提取正确的文本输出。

面临的挑战是什么？

实现卫生保健服务商与健康保险计划之间的数据共享确实是一个真正的挑战，它制约着由大数据驱动知识形成大型数据集合的努力。Apixio公司通过展现他们提供的真正价值来克服这些障碍。“我们展现出来的价值足够强大，足以消除人们对共享这些数据所产生的忧虑……除非今天确实解决了关键性的问题，否则这些组织不会允许访问任何确切的数据。”舒尔特解释道。

这同时也引出了下一个挑战——数据安全。由于一些引人注目的健康数据遭到泄露的事件，所以数据安全成为一个热点话题。对于Apixio公司而言，它从一开始就考虑到数据安全的重要性和它们的法律要求。舒尔特将数据安全称为“桌面筹码”，这也意味着对于任何想在大数据医疗领域发展的公司来说，安全是一个重要的要求。“我们必须对每一份新合同都表现出我们的安全性。亚马逊网络服务在这一方面确实提供了帮助……这也消除了病人的焦虑。”他解释说。病历数据在存储和传输过程中必须加密，Apixio公司从未公开任何个人健康信息（PHI），除非Apixio公司员工必须访问相关的信息。“事实胜于雄辩，”舒尔特说，“如果健康保险计划觉得这样做不够安全，那么他们就不会与我们合作和签订合同。”

学习的重点和启示是什么？

大数据在医疗行业仍处于初级阶段，它还需要进行大量的推广，有时甚至要牺牲掉切实的成果。舒尔特证实了一点：“医院内的许多首席信息官通常看不到很多使用大数据解决问题的实例。他们眼中只有很多漂亮的仪表板，但这些却并不会对他们提供帮助。今天能够有效地解决问题的方法在于……例如，确保适当的保健，同时减少成本和无效的治疗方法。关注实际结果是很重要的，因为一些有形的东西已经形成。不要只是声称在某些研究领域中领先：‘嘿，我创建了一些先进的数据科学工具。’”它强调结局和结果，对商业的重要性和对医疗行业的重要性是相同的。

即使剔除炒作的成分，它也清晰地表明我们在理解、治疗和预防疾病方面即将取得激动人心的改变。舒尔特对此表示赞同：“对于医疗保健需要经过实践检验、基于数据驱动理解的方式而言，我们处于一个新的时代。大数据是一种帮助我们走进新时代的方式。”

7　莲花 F1 车队：大数据对赛车团队的成功产生至关重要的影响

背景

速度是定义大数据的特征之一，而且速度在某些情况下比赛车还重要。在所有水平的运动中，从纳斯卡、F1 赛车到基础的卡丁车运动，各个车队和比赛组织者都需要使用更复杂的数据驱动策略。在这种情况下，我们以一级方程式车队——莲花 F1 车队为例进行学习。

大数据有助于解决什么问题？

数据在 F1 赛车中并不是一个新事物：自 20 世纪 80 年代以来，无论是汽车本身，还是工程师，他们在维修通道中一直使用检测实时数据流的遥测技术。莲花车队首席运营官托马斯·马耶尔说："F1 一直处于技术发展的前沿，所以数据分析对我们来说自然是一件大事。它可以帮我们节省时间和金钱，因为我们有真实的数据，所以不用依靠试验和错误报告。"

除节约团队的时间和金钱外，大数据可以帮助他们节省比赛时瞬间一圈的宝贵时间，为观众提供更惊心动魄的场面。

如何在实践中使用大数据？

正如马耶尔所说："我们正在收集和分析大量数据。我们谈论的数据量不是 GB 级或者 TB 级，而是 PB 级的。"所有的这些数据都可以用于对赛车的每个方面做出实时性调整，使赛车与赛车手的表现实现完美结合。在测试过程中，通过使用赛车本身提供的数据流，团队在赛车在跑道上比赛数分钟前就可以决定如何调整或改变赛车的设置。

数据还可以用于必不可少的模拟运行，因为赛车手练习和测试他们赛车的时间受到该运动的管理机构——国际汽联限制，模拟的目的是为了利用更少的资源，为每个团队创造一个公平竞争的环境。在每年伊始，每个团队有 3 周的测试时间，然后在每个赛季没有比赛的周末，团队有 4 天的测试时间。借助于模拟和数据分析，团队可以找到让赛车在比赛时有更好表现的方法，并且无须经过测试，这就像观察一个水晶球，然后知道赛车将如何完成最后的比赛。

这就像赛车的速度一样，数据传输的速度至关重要。2013 年，莲花 F1 车队改变了赛车上用于接收数据并提供存储的程序，他们在赛车上安装了一个更快的系统，该系统可以每圈传递 2000 次统计数据。在雷诺方程式 3.5 系列比赛中，他们认为对于初级赛车手马龙·施特金格尔来讲，这一关键因素的变动显著地提高了他的表现水平；2013 年，他得了 23 分，在整个赛季排名 18；2014 年，他得到 73 分，在整个赛季排名第 9。

然而在早期比赛中，信息在通过维修通道时以“数据包”的形式进行广播，但是现在有了持续的实时通信。由于在每场比赛前铺设了专用的高速光纤线路，所以团队总部和工程中心内的工程师和分析师们获取数据的时间仅比维修队员晚几分之一秒。因为许多员工实际上并不在赛道上，所以这样做很重要。以莲花 F1 车队为例，它大约雇佣了 470 人，但是仅有约 60 人可以去参加比赛，其中仅有 40 人允许待在赛场车库。这也有助于团队做出关于汽车设计和性能的长期决策，而不仅是利用周末调整赛车。

F1 赛车车迷也生成了大量的数据。在 2014 年美国大奖赛期间，观众在移动网络上发送了超过 2.3 TB 的数据，他们将照片上传到社交媒体和 Twitter 网站上，谈论他们观看比赛的经历。

结果如何？

虽说赛车手不得不依靠本能反应来应对每小时 200 英里的比赛，然而他的支持团队在危机时期为他提供的数据却是无价之宝。我举一个紧张的救援案例进行分析，在 2012 年巴西大奖赛期间，红牛赛车手塞巴斯蒂安·维特尔的赛车出现了故障不能行驶。此时他的车刚跑完第 10 圈就停了下来，工程师们使用数据模型进行模拟，根据模拟情况对赛车状况做出调整，以便确保赛车可以再跑 70 圈。这为维特尔连续三年获得冠军头衔赢得了足够的成绩。

大数据是莲花 F1 车队取得成功的关键因素，它使莲花 F1 车队能够改进赛车手和赛车的性能，从而提高车队的竞争力。这不仅可以在比赛中获得良好的性能，而且它也可以收集数据以便改进赛车性能。

使用什么样的数据？

莲花 F1 车队自然比较关注赛车内部生成的数据。约有 200 个传感器安装在赛车上，并以记录燃料的燃烧情况、轮胎压力和重力，以及赛车手的每一个动作（用手指可以控制 20 多个操作）。在赛车的运行过程中（甚至有时在车库里），它们不断产生数据流，每场比赛每辆赛车生成约 50 GB 的数据。传感器中的数据输入到数学模型中，然后通过数据分析得出对性能和可靠性的评估。

技术细节是什么？

莲花 F1 车队与大数据提供者 EMC 合作，利用 EMC 的 V-Block 服务器和私有云环境。一个 V-Block 位于工厂，另一个 V-Block 跟随每次比赛移动。此外，研究小组使用许多软件工具，其中一些工具利用莲花 F1 车队独一无二的技术，一些工具利用标准的 F1 技术。例如，汽车有一个标准的发动机控制单元，自带所有团队都可以使用的一组软件包。当然，发动机控制单元也可以结合自身情况进行定制。

面临的挑战是什么？

高度紧张的比赛气氛和线路限制对莲花 F1 车队下面的 IT 团队提出了特殊的挑战。在比赛中，车库处的 40 名雇员中仅有一个人负责信息技术，这意味着系统需要有较高的可靠性以便快速启动和运行。采用一个主要的服务提供商可以简化一些事情，比如当出现一些状况时，车队仅需要联系一个公司即可。

学习的重点和启示是什么？

F1 车队处于不断的进化发展中，大数据将不可避免地继续参与到更快的单圈速度角逐中，也吸引更多的粉丝来观赛。在其他的生活领域，大数据可以基于支持他们的统计数据消除很多猜测，并能鼓舞人们做出更有信心的决策。随着新技术的发展，如混合动力汽车和电动引擎，这些情况在未来数年内可能会变得更加活跃。大数据解决方案无疑会帮助像莲花 F1 车队这样的团队努力适应改变，并确保观众得到他们想要的东西——激动人心的赛车和体现速度与激情的场面。

8 彭德尔顿父子百货公司：在小行业中应用大数据

背景

彭德尔顿父子公司是一家位于伦敦西北部的百货公司，它成立于1996年，多年来他们有稳定的客户群体和良好的声誉。大约两年前，一家连锁超市在当地的图书馆关闭后搬了过来。由于新超市和公司位于同一条街上，所以新超市的到来影响到百货公司总体客流量和收入。

大数据有助于解决什么问题？

虽然创始人汤姆·彭德尔顿确信他的百货公司可以提供比超市更好的优质服务和产品，但是问题在于如何通过门口招揽顾客的广告将这一信息传给公众和顾客。价格上的竞争并没有什么作用，而且还会导致收入的下降，他的儿子亚伦·彭德尔顿转而使用数据来促进业务的运转。

如何在实践中使用大数据？

彭德尔顿父子曾聘请了大数据顾问，这些顾问建议在商店橱窗内安装简单、廉价的传感器，用于监测客流量，以及橱窗展示和促销活动对客流量的影响。公司使用这些传感器可以测量有多少人经过商店，多少人停下来观看橱窗展示和广告牌，然后有多少人进入到百货店内。有了这些信息，他们就能基于顾客最感兴趣的商品改进他们的广告信息。

监测数据也提供了一个意想不到的新收入来源。这条街的尽头有两个流行的酒吧，它们的营业时间是上午9点直到午夜，这个时间段也说明了客流量繁多时的时间节点——这也是商业活动忙碌的黄金时间。所以，彭德尔顿父子决定对夜间营业进行试验，当饥饿的人们从酒吧出来走回家时，他们喜欢这种服务优质的热狗和汉堡。

亚伦利用谷歌趋势分析相应的数据趋势，以便确定晚上提供哪些产品，并得出特别受欢迎的食品种类。最终，他们把猪肉汉堡和香肠摆在了商店的显眼处。

展望未来，百货店老板们希望获得更多的数据信息，以进一步了解他们的客户。他们起初获取天气数据以便更准确地预测客户的需求，他们计划引入一个客户忠诚度程序用于收集信息，明确他们的客户对象以及他们购买的东西。这些数据可以让百货店有针对性地根据季节向客户提供商品。一旦他们收集了一些客户数据，他们就可以进行更深入的调查和探究，从而改善其产品质量和服务。

结果如何？

在这种情况下，传感器中的数据依托于内部简单食谱的支持可以在店外广告牌上显示用餐建议，这要比围绕价格的消息更受客户欢迎。例如，在一个大风凛冽的秋天，外面天气可能暗示："吃豆子炖鹿肉香肠怎么样？这在我们香肠配方中特别流行。"简而言之，彭德尔顿父子发现，本地客户特别希望每天都可以在超市里买到廉价的产品，于是他们利用客户的这种想法推出更有效的促销信息，让更多的客户走进商店，那些最终走进商店的人们都会或多或少地购买一些商品。

此外，因为夜间营业受到客户的广泛欢迎，所以公司决定在周五和周六的晚上永久维持这种营业惯例。这样不仅增加了更多的额外收入，而且它还介绍了公司和它的产品，从而吸引了更多的顾客。

使用什么样的数据？

在使用数据方面，彭德尔顿父子在商店橱窗外放置一个小传感器来收集数据，此外还有一些其他的内部数据，如交易信息和股票信息等。他们还利用免费提供的外部天气数据帮助他们计划用餐建议和未来一周的食谱。

技术细节是什么？

为了检测手机用户，彭德尔顿父子百货店安装了手机检测传感器，该传感器通过手机发出的蓝牙和无线信号检测存在的手机用户。传感器适用于 iPhone 和 Android 设备，它接收手机 MAC 地址信息、信号的强度（这有助于判断手机与传感器之间的距离）、智能手机的厂商（如苹果、三星等）和设备类型。亚伦使用传感器供应商提供的基于云计算的商业智能平台进行数据分析。

面临的挑战是什么？

对于亚伦来说，他面临的重要挑战就是说服他的父亲应该将大数据投资放在首位。在公司业务实例方面，重要的是如何让数据帮助像他们这样的小企业制订发展规划。把公司的业务挑战和目标与数据联系起来，将极大地帮助公司发展壮大。亚伦列出许多信息，如公司想实现的目标（即增加客户知名度和收入），什么事情可能妨碍他们目标的实现（如来自超市的竞争，缺乏客户想要什么产品的信息），以及数据如何帮助他们克服当前面临的挑战（通过收集所需的信息，以便吸引更多的客户）。如果拥有一个强大的商业计划，就可以在他们的决策过程中引入数据，这样也就更容易解决这些问题。

下一个挑战便是需要知道从何处着手，这在小企业中是很常见的问题。毕竟小企业的人力和资源有限，所以彭德尔顿总是需要其他人帮助他们处理数据。他们求助于大数据即服务（BDAAS）提供商，这些服务商拥有丰富的中小企业合作经验，因为小企业只对所需的服务（不用投资新系统和培训员工的数据经验）支付费用，所以最初的支出很小。他们发现传感器本身就非常便宜（而且传感器越来越便宜），所以没有必要投资额外的软件，因为 BDAAS 提供商负责完成所有的分析工作。

学习的重点和启示是什么？

本案例研究表明，大数据不仅向大公司提供服务，它也正在积极改变各种规模和类型的企业。尽管这种类型的数据项目并不总被视为大数据项目，但是很显然它是通过大数据方法来实现的。有时，它只是意味着访问和使用大数据，然后告知您如何进行决策。最后，不管您收集和分析了多少数据，基于数据做出的决定才是最重要的。

9　美国女子奥运自行车团队：利用大数据分析优化运动员表现

背景

在这本书不同的章节，我们都会发现体育与数据分析正在快速发展成为“朋友”。本章，我们研究美国女子奥运自行车队如何从弱队跻身为2012年伦敦奥运会银牌获得者——在某种意义上讲，她们要感谢数据分析。

美国女子奥运自行车队成员向朋友、家庭和各种社会团体寻求帮助，她们苦苦挣扎寻求发展。在这种背景下，出现了多个不同的志愿者小组，这些志愿者来到斯凯·克里斯托弗森领导的运动和数字健身社团。克里斯托弗森是奥运会“35+”年龄组200米计时赛世界纪录的保持者。他通过自己设计的训练计划取得了成功，他的成功基于数据分析，这种分析最初受到心脏病学家埃里克·托波尔博士工作的启发。

大数据有助于解决什么问题？

在总结个人成功的运动经验后，克里斯托弗森形成了OAthlete项目（也就是优化运动员项目）。这一项目是对运动员兰斯·阿姆斯特朗药物丑闻的警醒，而阿姆斯特朗的丑闻被称为“美国历史上最臭名昭著的体育欺诈”。OAthlete项目背后的想法在于帮助运动员在不使用违禁药物的前提下，以可持续的方式优化比赛表现并维持身体健康。因此，“数据不是药物”这一哲学理念诞生了。

如何在实践中使用大数据？

在与女子奥运自行车队合作时，克里斯托弗森将一组复杂的数据采集设备和监测技术结合在一起，记录影响运动员表现的每个方面，包括饮食、睡眠模式、环境和训练强度。这些监控可以发现与运动员相关的表现模式，所以可以对他们的训练项目做出调整。

结果如何？

正如克里斯托弗森所说，通过监测各个方面的表现（如睡眠和饮食），了解它们之间的相互关系，就可以获得“性能突破”。

在这种情况下，克里斯托弗森能够利用深度分析钻研他所谓的“个体最优区”。根据这些信息为每个运动员定制训练项目，将她们调整成团队最优秀的成员。例如，他发现，如果珍妮·里德前一晚睡在一个较低的温度环境下，在骑自行车训练时她就会有更好的表现。所以在每个夜晚，他都会给珍妮·里德提供一个水冷床垫，让她的身体保持在一个精确的温度下。“这样她可以得到更好的深度睡眠，此时她的身体就会很自然地释放生长荷尔蒙和睾酮激素。”克里斯托弗森说。在萨拉·哈默的例子中，数据显示她缺乏维生素 D，所以克里斯托弗森决定改变她的饮食和日常生活习惯（包括让她更多地晒太阳）。最终，这个方案得到了一个可测量的性能差异。

这种方法还有一个好处——避免运动员受伤。在克里斯托弗森看来，运动员之所以使用兴奋剂，主要是因为兴奋剂可以替代刻苦的训练，同时可以避免运动损伤。大数据允许高性能运动团队量化诸多影响性能的因素，如训练负荷、体能恢复和人体再生，这意味着团队终于可以监测所有这些因素并建立预警信号。例如，它可以防止对运动员过度训练，因为过度训练往往导致身体伤害和疾病。根据克里斯托弗森的经验，问题的关键在于找到训练平衡点：“这些控制训练的方法基于所记录的数据信息，既不会将运动员推到过度训练的危险地带，但又能达到足够的训练强度。这是一件非常精密的事情，利用大数据最终可以让我们实现了这一目标。”准确有效地使用大数据将会大大延长运动员的职业运动生涯，打破了他们通常 30 岁就退役的惯例，并可以通过平衡饮食和合理训练避免运动员受伤。

虽然克里斯托弗森的训练系统尚未经过严格的科学测试，但是考虑到他个人的成功和美国女子奥运自行车队的成功，这个系统确实很有用——美国女子奥运自行车队令人惊讶地赢得了奥运会银牌，这足以证明该系统的效果。

使用什么样的数据？

克里斯托弗森既使用内部数据和外部数据，也使用结构化数据和非结构化数据。例如，将传感器连接到身体测量时序数据，如测量血糖值、皮肤参数和脉冲。这些传感器也收集噪声和阳光照射数据。这些环境数据（如温度、时间和天气）也被认为是可以公开使用的信息。他也对视频信息进行了分析，还可以直接使用脑电图测量运动员的睡眠模式。

技术细节是什么？

为了实施这个计划，克里斯托弗森与专门从事数据分析和可视化的旧金山 Datameer 公司合作。数据存储在 Hadoop 环境（HDFS）的云端，然后 Datameer 公司对这些数据进行分析，并利用小部件信息图表可视化这些结果。

面临的挑战是什么？

挑战来自探索数据缺乏特定假设条件。但是作为奥林匹克运动员，团队能够利用他们的经验和持续的实验去引导数据探索。这种经历再加上 Datameer 电子表格的方法帮助团队应对大量的数据。Datameer 可以不论数据的大小和来源，轻松地集成不同类型的电子表格，并得出基于数据的相应观点。

学习的重点和启示是什么？

这个案例研究强调寻找一个合作伙伴并了解相关领域特殊挑战的重要性。在这种情况下，Datameer 公司首席执行官斯蒂芬·格罗思夫（鉴于他之前是德国国家级游泳健将这一背景和积累的经验）立即发现了这个项目的潜力。克里斯托弗森对 Datameer 公司给出的结果很满意："他们确实带来了一些令人兴奋的结果，它让我们看到一些从来没有见到的关于饮食、培训和环境三者如何相互影响的关联。在可以看到的数据中，一切都是相互关联的。"

10　伦敦动物学会：利用大数据保护动物园中的动物

背景

除管理世界上著名的伦敦动物园外，伦敦动物协会（ZSL）还致力于世界各地的动物保护工作，为解决许多物种面临的灭绝问题做出不懈的努力。

一直以来，大多数动物学家和其他科学家都在从事动物保护工作，如通过野外调查，以及使用跟踪装置或通过观察来研究动物种群的迁徙或植被的变化。

然而，随着数据收集和分析技术的日益成熟，需要采取更加迫切的动行拯救越来越多的濒临灭绝的物种。目前，许多新的方法正在不断地被开发，以帮助人们监控和跟踪野生动物。

2015 年，伦敦动物学会连同包括美国宇航局和欧洲委员会联合研究委员会在内的其他研究组织举行了第一次国际研讨会，会议的主题是"遥感保护"。从本质上讲，为了更好地了解人类活动对动物和植物的种群数量的影响，遥感需要集合最新的高分辨率卫星影像、动物数量和地理数据，以及先进的计算机模拟和预测分析。

大数据有助于解决什么问题？

人类活动对生物多样性的威胁是各个物种生存面临的最大挑战之一。我们赖以生存的生态系统依赖于一个复杂的有机平衡，这一平衡经过了数百万年的发展，适合维持地球上各种物种的生存。

人类作为主要物种在地球上崛起，这对其他物种的生存产生了灾难性的影响。目前，人类仅确认了地球上的 15%的物种（包括植物、哺乳动物、爬行动物、鱼类和昆虫），而绝大多数灭绝的物种是在不知不觉中消失的。据估计，地球每年消失的物种多达 14 万种。

目前，还没有办法知道物种减少对生物多样性的长远影响。植物和动物生态系统与人类生活之间的相互作用，形成了一个从食物链到保持空气清洁的氮循环的非常复杂的系统。对人类以及地球上所有生命来说，这些过程中所引发的不平衡可能会造成潜在的灾难性后果。

伦敦动物学会通过动物研究所建立了许多保护措施，可以帮助我们了解物种消失造成的破坏性后果，并努力减少这种破坏。

如何在实践中使用大数据?

近年来，由于技术领域内计算机处理能力和科学分析的巨大进步，物种保护的焦点已经发展为研发跟踪方法，通过遥感技术量化了解动物种群。

物种保护工作代价昂贵，而且巨大的资金缺口加剧了问题的严重性。为了找到解决这个问题的办法，2015 年伦敦动物学会广泛召集了许多来自科学机构、非政府组织和慈善机构的专家进行研讨。来自皇家鸟类保护协会（RSPB）的专家格雷姆·布坎南在研讨会上讲到："据统计，目前用于保护的资金远远无法满足当前需要解决物种灭绝危机的需要"。

"因此，环保主义者需要将资金投入到最需要的地方。为了确定优先级别，保护区需要了解那里可能会发生怎样的变化。原始数据非常宝贵，而遥感技术可以提供一个有价值的信息。"

伦敦动物学会将所讨论的计划作为项目的一部分，包括使用卫星图像跟踪种群活动的范围，追踪动物的迁徙，以及如森林砍伐和城市化这类人类活动对它们的影响。

随后，模型预测算法可以利用这些数据预测未来的走势，并标注出动物种群活动的区域。尤其是在它们面临风险时，可以通过紧急人工干预来防止珍贵的生物物种从地球上消失。

各类动物与人类共同生活在地球上，了解它们种群的运动和动态对预测人类活动对物种影响是至关重要的，而数据分析被证明是一种有效的手段。

结果如何?

目前，依据这些想法已经开发出许多新的框架协议。我们可以通过世界各地的科学家们研究和预测动物的运动，以及人为的影响可能对它们的环境产生的改变。

感谢环保组织、慈善机构和政治活动家，在他们的帮助下，我们可以集中更多的精力做出一些改变，这是阻止正在进行灭绝地球上生命的活动的最有效的举措。

使用什么样的数据？

目前，高分辨率卫星（VHR）成像技术已经达到很高的水平，采集的图像足可以清晰辨识动物个体或人。将这些数据输入到计数算法中，即可量化一个特定的区域内特定种群数量的大小。

除数量外，我们也可以对迁徙模式进行收集和评估。此外，还可以根据观测到的种群数量的数据向外推演，模拟出可能的迁徙路径。

除此之外，通过自动照相系统、野外观察人士和越来越多的装有摄像设备的无人驾驶飞机也可以收集更多的实际数据。

现在已有相应的软件可以对广大游客和公众社会媒体发布的照片进行监控，并可以利用图像识别软件对监控结果进行扫描。这些软件可以用于识别动物或植物，通过照片的元数据确定位置，并利用这些数据建立某一特定区域内生物多样性的参考数据库。

生物信息、现有物种分布数据和人口数据也都用于预测、评估动物种群，以及它们受到的外界干扰的影响。

美国国家航空航天局（NASA）森林火灾监测系统得到的卫星数据也纳入到了这些计划，可以监测利用火进行森林砍伐所造成的影响。取代无线电雷达技术的激光雷达技术被用于确定某一特定区域内植被的高度和生物量密度，这样可以对栖息地动物物种和数量实现更精确的预测。

技术细节是什么？

伦敦动物学会的迁移跟踪项目收集的数据由亚马逊网络服务（AWS）和微软 Azure 框架托管，作为世界种群数量的索引。社会分析家们也大量使用可以在分布式数据集上运行复杂分析运算的开源 H20 分析平台，并通过 Web 浏览器界面反馈分析结果。

担任社会指标和评估主管的罗宾·弗里曼博士告诉我：“在某种程度上，几乎所有和我一起工作的人都使用 R 语言统计程序。”

“如果您是动物园领域内的研究生或课题学生，就需要进一步学习、理解统计方法和机器学习编程，因为您在研究中必定会遇到大数据。”

面临的挑战是什么？

在保护工作中，最大的挑战就是确定优先级。因为很多物种消失的速度特别快，所以至关重要的是开发一些识别那些高危种群的方法，以便使有限的资源得到高效利用，同时也有机会调查或开展社会变化运动，如制订一些防止生物多样性消失的必要规定。

野生动物保护协会聚集了一些来自科学机构、政府和非政府组织的研究人员，利用遥感方法收集数据，并致力于找到目前自然资源保护者面临的10个最迫切的问题，这些问题包括预测未来森林砍伐和识别一些热点栖息地，因为栖息地的变化可能导致大规模物种的灭绝并造成难以获取准确的数据。

这些优先级被用于告知全球范围内所做的保护工作，如伦敦动物协会正在实施的一些确保物种生存的最有效的措施。

学习的重点和启示是什么？

对未来地球上的生命来说，保护工作是至关重要的，而大数据分析是其重要的组成部分。通过获得更准确、及时的数据，我们正在提高了解和预测人类活动对全球野生动物数量变化的影响的能力，以及这些变化对我们自身的影响。

通过遥感技术获得数据，可以减少动物学家对野外调查数据的依赖，这种技术既省时又省力，而且成本低廉又无须面临危险。虽然地面传感器和人工观测仍将继续提供可靠的数据，但是越来越多的数据将从对卫星图像的分析中获得，然后结合地理、生物和种群数据产生精确的预测模型。

随着分析技术的进步，我们也越来越清楚优先解决什么问题才能减轻对生态系统造成的损害。

11 Facebook：利用大数据了解客户

背景

Facebook 可以说是当今世界上最大的社交网络。许多人使用 Facebook 与朋友保持联系，分享生活中的有趣场景并组织社交活动。每天数以百万计的人用 Facebook 阅读新闻，以及与各大品牌商交流互动并做出购买商品的决定。

与所有大的社交网络和搜索引擎一样，Facebook 在本质上对终端客户是免费的。他们用公司赚来的钱支付他们 1 万多名员工的工资，并保持服务网络的运行，企业向 Facebook 支付访问数据的费用，用于了解我们在使用 Facebook 时留下来的信息。

今年，Facebook 公司宣布，他们已经吸引了二百万名活跃的广告商，其中大多数是中小企业，它们向 Facebook 支付广告费用，以吸引那些可能对公司产品感兴趣的人。

大数据有助于解决什么问题？

企业需要出售产品和服务才能生存。为了实现这一目标，它们需要找到客户并卖给他们产品。传统意义上，它们通过广告的方式进行“广播”：报纸、电视、广播和广告就是将广告放在最突出的地方，这样就会有很多人看到这些广告，其中一部分人就有可能对广告中的服务或产品感兴趣。

然而，这显然是一种“碰运气”的方法。对于大型跨国公司来说，如果在超级杯大赛期间做一次电视广告，就会增加公司在公众面前的曝光率，并将品牌呈现在潜在客户面前。但小企业在创业时，必须更加仔细思考其有限的营销预算，寻找最有效的营销方式。然而广告并不能涵盖这些公司的所有方面，所以需要借一些工具帮助公司解决这些问题，让公司明确顾客是谁以及在哪里可以找到他们。

如何在实践中使用大数据？

在过去的 20 年里，网络世界的快速扩张为广告商提供了一个简单利用大数据的方法。因为网站托管在电脑上（而不是报纸或广告牌），所以每个访客都可以在软件运行的网站上被单独识别出来。Facebook 每月有 15 亿活跃用户，其用户访问量远远超过任何网站。

Facebook 的数据也更加个性化。虽然谷歌服务可以通过跟踪 Web 页面访问情况（顺便说一下，Facebook 现在也可以做到）推断出我们的浏览习惯，但是 Facebook 可以直接访问我们的数据信息，如我们生活在什么地方，在哪儿工作和娱乐，我们有多少朋友，我们在业余时间做什么事情，以及我们喜欢什么特定类型的电影、书籍和音乐家。

例如，图书出版商可以通过向 Facebook 支付费用，将它的广告信息呈现在对类似书籍感兴趣的一百多万人面前，并匹配他们的客户资料统计情况。

当用户浏览 Facebook 时，他们收集的数据被用于匹配公司提供的产品和服务。从统计数据来看，用户可能会对这些产品和服务感兴趣。Facebook 无疑在个人信息整理方面拥有全球最大、最全面的数据库之一，而且它的数据库时刻都在扩大。

除作为一个共享信息平台外，Facebook 还是一个运行软件的平台。截至目前，Facebook 上共创建了一百多万个应用程序，大多数程序通过广泛的应用程序接口，利用它们的访问优势对 Facebook 上的用户数据进行访问。这些应用程序的开发人员也可以反过来收集关于 Facebook 如何向目标客户投放广告的信息。

同时，Facebook 通过购买其他公司以及它们的服务将数据添加到自己的数据库中。近年来，Facebook 公司通过收购照片分享程序和网络信使服务获得了更多的关于如何分享照片和即时消息处理的数据。更有趣的是，他们还收购了 VR 头盔制造商——Oculus。一些评论家认为，这表明 Facebook 更乐于开发可以让我们在虚拟现实中体验互动的服务，而不仅是开发简单的平板显示器服务。Facebook 通过在这些新的身临其境的虚拟世界中监控我们的行为，在不久的将来，它无疑会给我们提供一个非常有价值的新数据来源。

结果如何?

Facebook 通过利用消费者数据中所蕴含的巨大财富获得了大量的广告收入，公司在 2014 年占据了美国在线显示广告市场 24%的份额，并获得了 53 亿美元的广告销售收入。根据当时的预测，Facebook 会在 2017 年占到 27%的市场份额，身价超过 100 亿美元。

使用什么样的数据？

Facebook 和用户共同生成它自己的数据。用户每分钟上传 250 万条内容，这些内容可以作为广告分类和分析的线索。此外，用户与其他人的互动内容和数据也都存储在 Facebook 数据库中，包括企业名单和电影、音乐、书籍和电视节目等子数据库。每当我们“喜欢”和分享内容时，Facebook 就能了解一些关于我们的信息。

为了保护隐私，所有这些数据都是匿名发送到与系统相匹配的企业和潜在客户的。所有这一切的真正涵义在于，如果用户的名字被删除，那么取而代之的是一个独特的识别代码，但是却无法追溯到用户本人。

技术细节是什么？

Facebook 是世界上访问人数最多的网页之一，它在谷歌搜索引擎中排名第一，也就是说人们在谷歌搜索中使用最频繁的检索就是 Facebook。对 Facebook 的访问据说约占所有网络流量的 10%。当然，这种规模的 Web 服务需要大量的基础设施作为支撑。

Facebook 的数据中心装满了专门设计的服务器，这些服务器使用 Intel 和 AMD 芯片，而节电技术帮助其减少维持这么多机器运行所需的巨大成本。服务器系统的设计内容已经是开源文档，而且 Facebook 也依赖于利用 PHP 语言编写并在 MySQL 数据库运行的开源软件。程序员为 MySQL 编译器创建的 HipHop 软件，可以将 PHP 代码在运行时转换为 C++语言，允许代码以更快的速度执行，以便减少 CPU 的负荷。Facebook 利用自己基于 Hadoop 的 HBase 平台的分布式存储系统对数据进行管理和存储。众所周知，Facebook 利用 Apache Hive 对用户数据进行实时分析。

面临的挑战是什么？

与多数大型在线服务提供商一样，Facebook 面临的最大挑战便是如何取得用户的信任。起初，人们对将个人信息输入到任何在线系统持有高度怀疑的态度，因为我们并不知道它们会利用这些数据做什么事情。即使世界上每个公司都严格遵守隐私条款和数据共享政策，然而世界上最严密的政策在数据丢失或被盗时也是无力的，如黑客攻击。

从一开始，Facebook 就试图通过认真展示他们的隐私政策赢得我们的信任。作为神秘的、没有指向性的“第三方”，Facebook 既有缺陷又有参照意义，它的隐私保护功能领先于同时代的其他公司，如 Myspace。

事实上，社交媒体革命至少让很多人对隐私产生了一种错觉。只有用户自己可信的朋友在默认情况下才能浏览用户所共享的任何信息，相比之下，Facebook 上最初分享的帖子在默认情况下可以在世界范围内共享。Facebook 还提供了多种选项，允许将个人信息设置成公开或隐私。然而，人们总是抱怨这些选项具有迷惑性或很难找到。

学习的重点和启示是什么？

Facebook 已经彻底改变了我们在网上互相交流的方式，允许我们构建自己的网络，并选择与谁分享我们的生活信息。

这些数据对广告商来说蕴含着巨大的价值。广告商们可以利用这些数据精准定位需要产品和服务的人，根据统计数据可以发现，这些人可能想要或需要他们的产品或服务。

对小型企业来说，有针对性的广告尤为重要，因为小型企业不愿意将有限的营销预算浪费在对其产品不感兴趣的人群。

获得用户的信任至关重要。除数据盗窃等非法活动外，一些用户不感兴趣的广告也会成为用户的烦恼，因为广告出现的频率太高。所以 Facebook 需要结合它与广告商的利益，将这些广告进行有效匹配。

12 约翰迪尔公司：在农场中利用大数据

背景

农业机械制造商约翰迪尔公司一直就是一家开创性公司。公司的创始人亲自设计、生产和销售了第一个商业钢犁。19 世纪中叶，进入中西部地区的移民生活变得容易起来，这些移民建立了美国历史上一家传奇的公司——约翰迪尔。所以，约翰迪尔公司经常处于创新的最前沿也就不足为奇了，他们热衷于地利用大数据，因为大数据可以帮助创业者们通过虚拟仿真模拟现实情况。

大数据能够帮助解决什么问题？

世界人口的迅速增长，也就意味着对食物的需求越来越多。由于转基因食品概念至今仍然没有得到公众的认可，所以提高标准作物的生产效率就成为满足这种日益增长需求的关键。为此，约翰迪尔公司推出了几项大数据服务功能，让农民受益于来源于成千上万名用户的实时监测众包数据。这些数据可以帮助农民决定在何处种植何种作物，以及确定肥料使用量的问题。

如何在实践中使用大数据？

约翰迪尔有专门的在线门户网站，它允许农民利用传感器收集自己机械作业领域内的数据，以及聚合世界各地其他用户的数据。它也连接到外部数据集，从而获取包括天气和金融等方面的信息。

这些服务可以帮助农民更明智地决定如何使用他们的设备，这样他们将得到最好的投资回报。

例如，该网站可以监控与农民生产力水平有关的不同组合的燃料使用方案。通过分析成千上万个农场中不同条件下如何处理不同作物的信息数据，它可以将生产操作情况调整为最佳水平。这也有助于系统基于众包数据通过预测使停机时间最小化，因为预测可以帮助了解设备在何时或何地可能会出现故障。工程师可以共享这些数据，他们在需要时可以随时准备提供新的部件和服务设备，减少昂贵机械的闲置造成的浪费。

另一个服务是该公司在 2011 年推出的 Farmsight 项目。它允许农民基于所聚集的自己和其他用户领域内的信息做出应该种植何种作物的有效决定。这是一种适用于单块农田或部分农田的“处方”。

公司憧憬未来可以实现由一个小型团队来管理一个大型农场，这个团队调度一些能相互链接和通信的机器人工具完成生产工作。

结果如何？

除增加农民的利润、有望创造更便宜和更丰富的食物外，公司还能带来潜在的环境收益。由于农药和化肥会污染空气和水体，所以最优的生产方案能够根据所掌握的更多精准信息合理地使用农药和化肥。

这种巨大改变对于面临人口过剩和食品生产不足的国家具有潜在的积极意义，特别是对发展中国家，因此它可以使地球上的每个人都受益。

使用什么样数据？

约翰迪尔公司使用的数据是结构化的内部数据，它们主要来自约翰迪尔机器上的传感器和埋在土壤中的探头，这些数据聚合后，提供给公司网站上的用户使用。另外，约翰迪尔公司还提供一些包括气象数据和财务数据在内的外部数据。

技术细节是什么？

约翰迪尔公司使用可以压缩大数据的 SAP HANA 系统，该系统是一个以列存为主导的全内存关系数据库管理系统。约翰迪尔公司拥有数以亿计的数据点，这些数据点可以被加载到 SAP HANA 系统，这样公司的工程师可以对这些数据进行相关分析并建立数学模型。

面临的挑战是什么？

越来越多的数据生成和共享，已经引发关于谁对这些数据具有所有权的争论。除可以让农民互相共享数据外，“MyJohnDeere”平台还可以与使用这些 API 接口的第三方应用程序开发人员共享数据，程序开发人员可以利用这些接口链接其他制造商提供的设备，或者提供他们自己的数据分析服务。但是，许多农民对此提出质疑，他们认为不应该对原本属于自己的数据支付费用，在他们看来，约翰迪尔公司和提供类似服务的其他公司应该向他们支付费用——源自美国农业事务联合会（AFBF）主任玛丽·凯·撒切尔的说法。

目前，AFBF 正在与包括约翰迪尔、孟山都和杜邦在内的许多公司探讨如何应对上述问题。除涉及隐私问题外，有人担心太多的信息可能导致金融市场交易员操纵价格。

自动化和大数据发展带来的直接后果就是就业机会越来越少。我们开始将越来越多的任务委托给机器人——不是因为农民懒（居住在农业地区的人会知道，农民绝对不懒），而是因为机器人会做得更好。约翰迪尔公司的发展愿景当然是希望一个拥有小型助手团队的人坐在电脑前就可以管理着大面积的农田，但是这样会导致这块土地上就业机会的减少，然而这种趋势至少在 20 世纪大数据出现之前就已经开始了。

学习的重点和启示是什么？

正如硅谷公司那样，大数据正在创造一个人所共知的神话。然而这种情况表明，任何行业都可以从大数据中获益，即使是最传统的公司也在利用大数据。例如，货运公司利用大数据规划出更有效的路线；房地产公司利用大数据预测市场的繁荣和萧条；汽车保险公司利用其客户的智能手机监测他们驾驶的状态。现在，任何像约翰迪尔那样的公司都可以成为一个大数据公司。

13 苏格兰皇家银行：利用大数据提供更加个性化的客户服务

背景

在 2008 年金融危机前，苏格兰皇家银行曾经是世界上最大的银行。在该银行面临次贷危机即将崩溃时，英国政府及时出手相救，一度持有该公司 84%的股份。

苏格兰皇家银行目前正在进行重新私有化过程，银行选择改善客户服务策略，争取他们在零售银行业务方面的市场份额。

这个计划是大数据分析的一个关键部分。在数据分析技术方面，苏格兰皇家银行宣布了一项 1 亿英镑的投资计划，并且将该计划命名为“Personology”——强调对客户的个性化服务而不是对金融产品的关注。

大数据有助于解决什么问题？

在 20 世纪 70 年代至 80 年代之间，苏格兰皇家银行首席分析师克里斯蒂安·内利森表示，银行正在逐渐脱离其客户。银行把重点目标放在推动产品和吸引销售上，而不去考虑它们是否为客户提供所需要的服务。

内利森说：“银行在 70 年代可以通过其分支机构的工作人员和经理了解客户，银行与客户彼此之间存在某种个性化服务的关系。银行知道客户及其家人是谁，如何满足他们的需求，以及他们想做什么。”

他说，到了 80 年代，银行业务从帮助客户看管财产，逐渐转变为推动各种形式的金融和保险服务，以便寻找新的收入来源，于是这种个性化服务逐渐消失了。

内利森的话表明，尽管银行原来会专注于满足客户的期望，然而它们现在却把重点转移到“推销银行产品”。银行在出售特定数量的理财产品上有明确的任务指标，这就是为什么它们现在会试图将一些产品推销给走进银行大门的每一位顾客，而不去考虑这些产品是否符合顾客需求。

如何在实践中使用大数据?

苏格兰皇家银行正试图使用分析技术和机器在一定程度上恢复个性化客户服务——这在起初似乎是违反人们的传统观念的。但它的分析团队已经开发出一种称为“个性学”的哲学理念，这一理念提出的目的在于更好地了解客户并满足他们的需求。

银行拥有客户的大量信息。这些信息记录着客户如何花费每一笔钱以及如何管理财务，这是对客户生活方式的一个非常详细的写照——包括客户何时休假、何时结婚，以及何时就医，如果客户足够幸运还有存款，那就可以将多余的收入用于做一些其他事情。

内利森说:“观察一下像亚马逊这样的公司，与我们相比，它们几乎对客户一无所知，但是它们能够很好地利用已有的数据。”

“虽然我们有大量的客户数据，但是我们却刚开始使用这些数据。我们拥有巨大而丰富的数据资源，但是我们才刚开始发掘这些数据的潜力。”

有一个很简单和直接的做法可以作为发展个性化服务的一个很好的起点，那就是在客户过生日时为他们送去祝福。虽然这不是大数据分析，但它符合“个性学”的概念。

一些个性化的系统也被开发出来，客户通过这些系统可以知道他们将如何受益于交易和提供的促销。过去，登录在线账户或致电客户代表，对银行来说都是一个可以提供盈利销售服务的机会，但是现在客户会接受个性化的推荐，因为通过一个特定的方式可以直接显示他们能够获取多少收益。

此外，分析交易数据就可以查出客户曾购买过多少次金融产品。例如，支付保险金或故障救援，这些信息都是银行系统客户信息的一部分。

结果如何?

即使在早期，内利森也能给出一些初步结果。例如，所联系的每个客户在购买金融产品时会倾向于选择苏格兰皇家银行的产品。

内利森说:“对于我们正在做的事情，我们感到非常兴奋。因为我们看到响应速度的显著提高和更多客户的关注。”

据《计算机周刊》报道:当银行工作人员向一个80多岁的老客户表达生日祝福时，他被感动哭了，因为他觉得没有人会记得他的生日。虽然这看起来与大数据分析并没有多大的关联，但重要的是，这种基于人性基础的销售策略最终会产生积极的影响。

使用什么样的数据？

苏格兰皇家银行使用包括客户的账户交易历史和个人信息在内的客户数据，以便确定最有用的产品或服务。

技术细节是什么？

苏格兰皇家银行使用由 Pegasystems 公司开发的基于客户关系管理（CRM）的分析软件，该软件可以为工作在支行和呼叫中心的员工在确定如何帮助特定客户办理业务时给出实时建议。银行也通过统计分析系统和开源技术（包括 Cloudera 提供的 Hadoop 平台和 Cassandra 系统）建立了自己使用的仪表板。

面临的挑战是什么？

在内利森看来，让员工参加董事会是银行所面临的主要挑战之一。“目前，我们的员工觉得他们可以与客户进行更有价值的交谈。”

“现在员工们能够理解大数据可以用来做什么，并已感觉到这些数据正在帮助他们营造良好的与客户之间的对话氛围——对于我们曾经所处的发展阶段来讲，这是一个巨大的转变。”

“员工积极参与是至关重要的，因为无论是好的工作思路，还是能够与客户产生共鸣的好想法，都来源于工作一线，或者与工作一线的发展紧密相关。”

学习的重点和启示是什么？

在销售和市场方面，如果数据没有告知一些我们所不知道的客户信息，那么这些数据被认为是无用的。

通过更好地了解客户，银行的组织机构可以定位它们的服务，以便更好地满足客户的需求。同时，与员工和其他利益相关者的沟通也是必要的。

14 LinkedIn：利用大数据来推动社交媒体成功

背景

LinkedIn 是世界上最大的在线专业网络，它在 200 多个国家中拥有的成员超过 4.1 亿人。LinkedIn 为职场人士搭建了一个将他们关联在一起的网络平台。2003 年里德·霍夫曼创办了 LinkedIn，使其成为世界上最早的社交媒体网络。

大数据有助于解决什么问题?

目前，社交网络之间的竞争比以往任何时候都激烈，今年流行的社交网络在下一年却不一定流行。LinkedIn 需要确保它所提供的网站服务对于繁忙的专业人士来说仍然是一个至关重要的工具，它可以帮助他们取得更有成效的业绩，无论他们使用的是付费服务还是免费服务。因此，大数据对 LinkedIn 来说是其运营和决策的核心要素，它为网站上数以百万计的成员提供最好的服务。

如何在实践中使用大数据?

LinkedIn 追踪用户在网站上的每一个操作——点击、页面浏览和交互。因为网站有 4.1 亿名成员，所以每天都需要处理大量的事件。LinkedIn 的数据科学家和研究人员需要分析海量数据，并辅助设计由数据驱动的产品和相关功能。LinkedIn 使用大数据的很多内容足以写满一整本书，在这里仅简单提一些关键的例子。

就像其他社交媒体网络一样，LinkedIn 使用数据为用户提出建议，如“您可能认识的人”这一功能。这些建议基于很多因素，例如，如果用户点击别人的概要文件，或者与某些用户在同一时期在同一家公司工作，或者分享了一些相关链接，在这些情况下，网站有理由认为该用户与相关用户可能认识。与此同时，因为用户可以上传其电子邮件联系人，所以 LinkedIn 可以使用这些信息提出一些建议，不仅会推荐网站上用户可能认识的人，还有用户联系人加入这个网站时可能认识的人。LinkedIn 也可以使用其他网站上的用户数据，如 Twitter 网上建议的用户可能认识的人。

LinkedIn 使用机器学习技术，改进其算法并为用户提出更好的建议。例如，LinkedIn 会定期提醒用户可能认识 A 公司（用户 8 年前曾在该公司工作过）和 B 公司（用户 2 年前曾在该公司工作过）的人。如果用户几乎从未点击来自 A 公司的可能认识的人，但是会定期检查来自 B 公司所建议的可能认识的人，那么 LinkedIn 将优先考虑给出 B 公司的建议。这种个性化的方法允许用户构建最适合自己的交际网络。

有一个特性使得 LinkedIn 有别于其他像 Facebook 这样的社交媒体平台，那就是用户能看到谁浏览了自己的资料。最近，对这个功能进行了完善：过去用户能看到有多少人浏览了自己的资料，以及最近都有谁浏览了自己的资料；现在用户还可以看到这些访客所处的区域和从事的行业，同时他们所在的公司也留在自己的页面上。通过大数据获取了这些信息后，可以帮助用户提高他们使用网站的效率。

LinkedIn 使用过程流技术以确保向用户显示最新的信息——从谁加入了网站、谁得到了一份新工作，到联系人喜欢或共享的有用文章。简而言之，这个网站为用户不断地收集和显示新的数据。这种恒定的数据流不仅让网站对用户更有吸引力，同时也加快了分析过程。LinkedIn 在传统上会收集数据并将它们存储在数据库或数据仓库中，之后会对这些数据进行分析。但是通过实时的过程流技术，LinkedIn 可以从源头直接获取数据（如用户活动）并立即进行分析应用。

最后我们需知道 LinkedIn 需要获得收入，他们通过招聘服务、付费会员和广告获得收入。大数据可以帮助它增加收入，并且改善用户体验。例如，广告占据 LinkedIn 年收入的 20%～25%，与 LinkedIn 销售团队一起工作的分析师们一直想知道为什么会员会点击特定的广告而不是其他的广告，然后将这些分析结果反馈给广告商，目的是为了让他们的广告更有效。

结果如何?

LinkedIn 的成功指标包括收入和会员的数量，并且这两个指标一直在持续上升。在 2015 年上半年，LinkedIn 新增了 4000 万会员，在撰写本文时，该公司最近的季度收入超过了 7 亿美元（高于上一季度 6.4 亿美元的收入）。毫无疑问，大数据在公司发展过程中扮演着重要的角色。

使用什么样的数据?

LinkedIn 跟踪用户在网站上的每一个操作，从他们喜欢的事情，到所分享的每一个工作单位，以及联系的每条信息。每天 LinkedIn 在每秒钟都会服务成千上万个网页。所有这些请求都需要在 LinkedIn 的后端系统抓取数据，进而每秒处理数以百万计的查询。LinkedIn 也可以在会员允许的条件下收集用户电子邮件联系人的数据。

技术细节是什么?

Hadoop 平台组成了 LinkedIn 在大数据方面用于临时和批处理查询的基础设施核心。公司对 Hadoop 平台投入了大量的资金，用于成千上万台机器运行映射/化简作业。其他 LinkedIn 大数据拼图的关键部件包括 Oracle 数据库、Pig 语句、Hive 数据仓库工具、Kafka 工具、Java 语言、MySQL Java 和 MySQL 数据库系统。对于 LinkedIn 来说，多个数据中心非常重要，因为它们能够确保高可用性，避免单点故障。现在，LinkedIn 有 3 个主要的数据中心。

LinkedIn 也开发出自己的开源大数据访问和分析工具。Kafka 工具开启了这种模式，还有一些其他的开发工具，如 Voldemort 工具、Espresso 工具（用于数据存储）和 Pinot 工具（用于数据分析）。像这样的开源技术对于 LinkedIn 非常重要，因为从长远来看，这些技术可以帮助它创建更好的代码和更好的产品。

此外，LinkedIn 有一个令人印象深刻的内部数据科学家团队，据估计，目前团队约有 150 人。团队合作不仅利于优化 LinkedIn 推出的产品和解决会员的问题，而且他们也可以在重要会议上为开源社区发布技术公告。事实上，LinkedIn 鼓励团队积极追求许多领域内的研究，包括计算机广告、机器学习和基础设施、文本挖掘和情感分析等。

面临的挑战是什么?

最初，LinkedIn 在推出的第一个星期内仅有 2700 名成员，而且它需要克服由于不断增长的大量数据所带来的挑战——现在该公司每天都必须处理和解析大量的数据。解决这个问题的关键在于投资建立的系统应具有较高的可扩展性，并确保有足够的数据粒度足以为公司提供有用的见解。Hadoop 平台提供后端动力和弹性来应对海量数据，而 LinkedIn 用户界面也允许员工将大量的数据以不同的方式碎片化处理。

5 年前，LinkedIn 雇佣的员工人数不到 1000 人，经过迅速发展，到本书写作之时该公司的雇员人数已经接近 9000 人。这也导致公司对分析团队的巨大需求。LinkedIn 最近重组了他们的数据科学团队，也许是作为对这种需求的回应，现在科学决策部分（用于分析数据的使用和关键产品指标）由公司的首席财务官负责，而产品数据科学部分（用于发展 LinkedIn 科学部分的特性，生成大量的数据进行分析）现在属于工程的一个部分。因此，数据科学的集成度在 LinkedIn 公司中比以往任何时候都高，分析师与公司功能之间的联系变得更加紧密。

即使对一个像 LinkedIn 这样的大公司来说，有时招聘员工也是一个巨大的挑战，这听起来似乎有点令人惊讶。以 CNBC.com 网站为例，LinkedIn 数据招聘主管谢里・沙阿指出，他们想在 2015 年雇佣 100 多个数据工程师，这一数量比 2014 年增长了 50%。但是关于招募最好的数据工程师的竞争是非常激烈的，尤其是在加利福尼亚，谢里・沙阿说："在招聘市场上，总有一场竞购战"。尽管越来越多的人进入这个领域，但是目前不同人之间的技能差距还是比较大的——对数据工程师的需求超过了供给，这种状况还将持续几年。

此外，LinkedIn 也没能避免用户对隐私保护方面的强烈要求。2015 年 6 月，该公司同意支付 1300 万美元来解决由于向用户联系人列表中的人发送多个邮件邀请而引起的集体诉讼。最后，公司与民众达成和解协议。

学习的重点和启示是什么？

作为一个起源最早而且发展势头仍然强劲的社会媒体网络，LinkedIn 在大数据如何促成大增长方面为相关企业提供了经验。它能够向用户提供建议和推荐，这个功能尤其令人满意（这一功能也被书中提到的其他公司成功应用，如 Etsy 网络商店平台和 Airbnb 网站等）。但是，LinkedIn 对使用个人数据的透明度上也提出，当人们感到公司并不完全透明时，抗议就可能会发生。对未来的公司来说，类似的诉讼会越来越多，因为重要的是，公司需要让客户清楚它们收集了客户什么样的数据，以及打算如何使用这些数据。

15 微软公司：在数据包中利用大数据

背景

微软公司因其能够正确预测计算机领域内的主流趋势而获得了良好的投资业绩。微软曾准确预见了个人电脑、图形操作系统和互联网的兴起，近年来微软又预测大数据分析会变得日趋重要。

批评家们可能会说，创新并不是微软的强项，但是他们却不能否认微软的强项在于包装和销售主流产品。在这方面，微软公司现任首席执行官萨提亚·纳德拉表现得和他的前任一样明智，他能够带领公司朝着“数据即服务的基础设施提供者”这一方向发展。

大数据有助于解决什么问题？

大数据实在没有新鲜内涵——数据和分析技术已经存在了很长一段时间，而且我们总是将二者相结合。由于科技的进步和互联网的发展，无论是数据的规模及其增长速度，还是数据据分析的复杂性，都发生了变化。

然而，对于任何一个想要利用数据分析去解决问题的人来说，都要面对一个非常大的难题——数据分析（特别是大数据分析）涉及巨大的不断变化的且高度复杂的数据集。

似乎只有统计学家和计算机程序员中的高手，才有可能开发出一个对其业务工作有价值的数据分析应用程序。他必须编写一个算法，而且还要构建一个硬件框架存储数据，运行其分析步骤并得出结果。

因为想出一件事情和将这件事情付诸实现之间存在着巨大的鸿沟，因此许多企业提供“数据即服务”（DAAS）或“软件即服务”（SAAS）的解决方案。微软公司在这方面再次走在了发展前列，就像他们当初推出操作系统那样，微软先是提供了MSDOS 系统，然后才是 Windows 系统，此外还有一些商业办公软件，如 Office 办公套件和 Web 浏览器。

此外，微软已经表明，他们将发展的目光投向竞争日益激烈但利润丰厚的在线广告市场。尽管微软存在很多竞争对手（如谷歌、苹果和亚马逊公司），但它还是开拓了它的高利润市场，微软在一段时间之后就有了自己的发展领域。尽管微软的搜索引擎——必应（Bing）搜索还有些落后，但是必应搜索正在努力赶超搜索引擎市场上的领头羊谷歌，并已取得了一定的进展。虽然许多微软用户为微软公司决定为他们免费升级到 Windows 操作系统的最新版本而欢呼，但是微软公司的这种免费升级无疑是有目的的，因为业务驱动的需求迫使它这样做。

对于家庭操作系统业务，Windows 10 预示着推出客户广告 ID 协议，这意味着分配给每个用户一个单独的匿名标识符用于收集数据，从而帮助广告商推出有针对性的营销策略。

如何在实践中使用大数据？

微软的企业软件和 DAAS 包向客户一直最爱的云端版本提供几乎一切事情，如 Word 和 Excel，同时也向基于 Hadoop 框架的分析平台和微软针对大数据的重要项目的机器学习算法提供很多支持。

微软的分析平台系统作为一个大数据解决方案（Big Data in a box）进行销售，该系统结合了公司的 SQL Server 数据库系统的 HDInsight Hadoop 分布式平台。这种服务方式类似于亚马逊、IBM 公司和谷歌公司所提供的基于云计算平台的服务，这就意味着中小企业既不需要在数据仓库硬件上投资，也不需要通过数据压缩来适应基于云计算的计算能力。另外，微软还提供咨询服务，帮助企业正确使用它所提供的服务。

微软的 Azure 云计算平台是另一个服务框架，它是专门面向物联网市场的项目。建立 Azure 云平台的目的是为了解决“智能”机器之间的相互交流和通信问题，这可以使常见的工业品和日常消费品通过交流变得更智能（甚至可以互相学习提高）。包括纳德拉在内的高管们已经明确表示，他们认为物联网是未来的发展趋势，所以最新版本的 Windows 操作系统有一个可以专门用于物联网设备的特殊版本。因此在不久的将来，我们有望看到 Windows 系统在各种各样的常用设备上运行。

然而，在如何加快分析技术融入日常生活领域的速度方面，微软的 Power BI 工具集可能超过了其他的工具。与此同时，微软通过将许多高级分析功能集成到 Excel（世界上使用最广泛的电子表格和数据分析软件），把先进的大数据驱动分析功能送到数百万办公软件用户的手中。为什么不呢？既然 Excel 通过其基本的数据查询和报表功能帮助全世界的管理人员提升了管理技能，那么利用它去推广大数据技术也是理所当然的事。

与其竞争对手的策略相同，微软公司也在积极收集尽可能多的个人用户数据。这样做有两个目的，一是根据用户的反馈改进其产品和服务，二是将收集到的数据卖给广告商。

Windows 10 操作系统的发布引起了人们对操作系统的广泛关注，因为该操作系统似乎在收集大量的数据并将其反馈给微软公司。在默认设置下，允许操作系统监控在线活动的数据信息（如 Web 页面访问）及线下操作（如将文件存储在计算机硬盘中）。网络安全专家建议用户尽快修改这些设置。

在提炼产品信息上，微软公司可以以这种方式使用收集到的数据，从而了解用户用它们的软件进行了什么操作，以及公司应该对软件进行怎样的调整以便使其更有用。在用户很少使用的功能和选项上，微软减少了开发投入，它将开发资源集中起来，专注开发那些可以为用户提供更大价值的功能。在使用大数据前，软件供应商通常仅有一个衡量用户满意度的方法，即他们的产品是否升级到最新的版本。现在，某个应用程序或操作系统的使用状况可以实时反馈回来。

结果如何?

微软公司迅速发展，在本书写作时它已经成为基于云计算的最著名和最成功的卖家，它提供“数据即服务”平台和基础设施。2014 年，微软从基于云计算的企业服务中获得了 63 亿美元的收入，当时公司预测到 2018 年收入可以增长到 200 亿美元。

刚开始，用户似乎担心隐私被泄露或被暗中监视，所以没有将系统免费升级到 Windows 10。但是自 2015 年 7 月操作系统发布三周后，它已经被下载了 5300 万次。

使用什么样的数据?

微软公司通过公司自己的产品收集数据，基于用户的上网习惯和喜欢的社交媒体辨别出用户是谁，以及用户如何使用它们的软件。Windows 10 通过内置应用程序的操作系统以及在我们的硬件上运行一些工具或安装某些软件，监视我们花多长时间听音乐或看视频。如果用户使用 Cortana 声控功能，它可以记录并存储用户所说的语音数据，而且对此进行分析，以此提高它自身的语言能力。

微软还收集用户如何使用电脑的相关信息，以及它如何对此作出反应等“经验数据”。这些数据包括软件崩溃的频率、用户的经验，或者用户希望它执行某项任务时和单击某个按钮时的响应时间。

根据微软的条款和应用条件，Windows 10 操作系统所收集的数据是开放的。但是，什么数据用于公司内部提高软件的性能、什么数据用于出售给广告商，两者之间的区别非常模糊，因为政策性文件只是说明编码时间的情况。

技术细节是什么？

微软声称超过 10 万亿个对象（文件）现在存储在公司的 Azure 云计算网络中，而 2012 年只有 4 万亿个文件。2013 年，公司宣布拥有 1 百万台服务器，这些服务器遍布全球 100 多个数据中心，最大的数据中心位于包含 25 万台服务器的芝加哥，它的服务器数量占据总的服务器数量的四分之一。这些服务器除作为 Azure 云计算的基础设施外，还可以为微软的 200 多项在线服务产生的数据提供存储和访问，这些服务包括必应搜索、Outlook 网络邮件服务、Office365 文档服务和 Xbox Live 网络游戏。

面临的挑战是什么？

由于缺乏自己的智能手机平台，微软公司在与其主要竞争对手谷歌和苹果公司的竞争中处于劣势地位。2014 年，微软试图通过收购诺基亚来消除这种劣势，但是迄今为止它还未能占据市场的主要份额。公司希望 2015 年推出的 Windows 10 跨平台操作系统（适用于个人电脑、平板电脑和智能手机）会扭转局面。

学习的重点和启示是什么？

微软公司清楚地认识到，至关重要的问题在于，全球范围内各种类型和大小的企业在使用它们的产品时可以看到它们最新的由大数据驱动带来的服务价值。

虽然大规模的企业和行业积极地采取了全面分析策略，但是拥有较少资源、规模较小的企业在这方面需要保持更加谨慎的态度。微软通过出售给中小企业操作系统和办公软件产生巨大的收入。微软公司清楚地看到，为了保持其在技术上的主导地位，它必须将大数据服务渗透到各种产品服务中。

在收集数据（为了提高用户体验）与监视用户活动之间，必须找到一个合适的平衡点。尽管微软在 Windows 默认隐私设置上招来了不少非议，但是在短短数周时间内仍然有超过 5000 万的用户安装了新的 Windows 10 操作系统。目前，微软利用其巨大的市场优势迟迟不去建立这个平衡点，但是从长远来看，这可能是一个危险的策略。即使像微软公司这样的大企业，潜在的后果也可能是灾难性的。

16　安客诚公司：利用大数据推动营销发展

背景

安客诚公司有时也被称为“前所未闻的大公司”。20 世纪 80 年代，安客诚公司通过在高级计算机分析中应用大规模的数据集合，对美国直销行业进行了革新。在“大数据”这个词成为时尚名词前，安客诚公司就已经成为真正的大数据先锋。

安客诚公司网站声称，“除一小部分家庭数据外”，它拥有美国所有家庭的数据信息。为了写本章，我跟查尔斯·摩根进行了交谈，正是他将一家为本地企业提供分析服务的小公司，转变成拥有十亿美元营业额的大型跨国大数据驱动企业。

安客诚公司成立于 1969 年，由当地校车公司主席的查尔斯·D·沃德作为一个副业所创建，最初命名为 Demographics 公司。沃德创建该公司的最初想法是收集数据和管理当地民主党的邮件列表。后来该校车公司的经营出现困难，沃德面临破产威胁，他就将公司的股份卖给了自己的雇员查尔斯·摩根。查尔斯·摩根毕业于阿肯色大学，曾担任过 IBM 公司的系统工程师。

大数据有助于解决什么问题？

在 20 世纪 80 年代，银行将其业务大量投入到零售领域。银行开始试图出售尽可能多的信用卡、保险方案、银行账户和金融服务，因为它们想得到尽可能多的客户。

长期以来，企业一直与客户直接联系，提供自认为具有吸引力的产品，并且在 1967 年出现了“直销”这个术语。然而随着像花旗银行这样的美国银行成为安客诚公司最大的客户，公司需要处理比以前任何时候都要复杂的业务。因为所有的主要银行或多或少都在同时追求同一个市场，即使银行有数亿美元的直销预算，它们也必须保证没有任何差错，因为每一分钱都必须被有效地利用。

摩根告诉我：“有很多业务涉及大规模的数据管理问题，我们可以观察到数据业务列表中的人，这些列表都是高度手工化的。”

“没有任何特别复杂的分析。我观察目前存在的问题，并且思考通过部署现代计算机科学是解决这一日趋突出的问题的一个很好的方法，因为人们一直试图找出能够使直销工作做得更有效率的办法。”

为了处理包括来自三大信用评级机构收集的、几乎涵盖所有美国公民信息的海量数据，安客诚公司大力提升了它们的分析和数据管理能力，并且专注于发展高效算法，以便有效地分类人口信息。摩根说：“公司与花旗银行的关系在不断巩固和发展，我们处理它们所有的信用卡产品的直销业务。我们对它们当前的项目和未来的工作做了各种各样的分析，这使我们真正进入了大数据业务时代——他们一直想要更多的数据和更多的分析，所以我们必须找出满足他们需求的方法。”

如何在实践中使用大数据?

安客诚公司创建了它的自营订单履行列表系统，它提取出信贷机构的数据并将其组合成第一个在线邮件列表生成器。这给企业提供了数以百万计的特殊命名线索，按照年龄、位置、职业、行业或其他任何已知的信息进行划分。

摩根说：“我们必须建立非常大的数据仓库。我们按月得到来自信用机构对整个人口的数据信息，结合历史数据和当前数据了解他们的信息，如住在哪里以及家里有几个孩子……我们通常知道他们所订阅的杂志种类，我们所收集的数据数量多得不可想象。每个数据库都有超过 1 亿人的信息，而且我们需要每年 3 次更换全新的版本。因为数据信息的来源广泛，所以我们必须从不可避免的大量相互矛盾的数据中找出准确的数据。另外，建立信用数据库并不是法律层面的要求：必须为了特定目的构建信用数据库（如为了营销构建），而且这也是符合法律规定的。

自从公司开拓大数据驱动营销以来，它一直紧跟时代的发展。安客诚公司在 2010 年发布用于分析个人公共社交媒体活动的 PersonicX 系统，以便匹配特定用户的配置文件，并结合其他数据，更精确地匹配并提供他们所需的产品和服务。安客诚公司为世界各地的企业处理这些外包服务，这些企业既有全球金融巨头，也有小型企业。

结果如何?

查尔斯·摩根在刚开始创建安客诚公司时只有 27 名雇员，目前公司的业务人员超过 7000 人，公司通过开创性的数据分析方式驱动直销迅速发展。据说，本书写作之时公司生成整个美国直销行业收入的 12%，1 年总计约 11.5 亿美元。

使用什么样的数据？

安客诚公司借助于各地的信贷机构及公共记录（如选举名单、婚姻和生育登记、消费者调查和其他成千上万的企业组织收集的客户数据和用户服务信息）获取美国及世界各地公民的信息。只要这些客户没有在恰当的时刻“选择退出”，获取信息就会一直持续进行下去！

虽然，它们不收集个人的网上行为信息，但是他们会从其他组织中购买这些信息——只要符合有关隐私和安全法规即可。这意味着安客诚公司会有很多关于客户的在线活动信息。

然而公司可以通过社交媒体监控网络活动的每个方面，而且社交媒体正在日益成为洞察消费者情绪和行为的丰富来源。

技术细节是什么？

当安客诚公司意识到它所面临的数据规模问题时，它做的第一件事就是开发自己的 SQL（结构化查询语言），方便公司查询和收集数据集，公司将这一语言称为选择语言。

早期大部分的数据工作利用基于磁带的操作系统来处理，但是当花旗银行提出更高的需求分析能力和存储要求时，安客诚公司投入巨资开发 DEC Alpha 超级计算机并运行它的第一个真正面向大数据的系统——Oracle 系统。摩根说：“对于我们来说，我们获得了一次转变机会。这就意味着我们可以真正开始执行过去我们一直想做的分析，但是过去却一直受到现有硬件速度的限制。”

公司曾经有段时间运营分布在美国乃至世界各地的总共六英亩场地的服务器。目前，公司在阿肯色州总部共有 2.3 万台服务器，这些服务器上的 1500 个数据点存储着约 10 亿人的信息。

面临的挑战是什么？

摩根说，20 世纪 80 年代，公司面临的最大挑战是要实现自己的发展节奏必须跟上合作伙伴花旗银行的发展需求，此外又需要很快地与其他主要的相关组织发展成合作伙伴关系。

他说："公司发展历程上最大的问题在于如何管理我们的成长节奏。当公司需要在 8～9 年的时间里有序增加公司处理数据的速度时，却没有一个可以追随的榜样——就像是在说'哦，我的上帝，我们有足够的客户，但是我们没有足够多的计算机能为他们服务，那么我们还可以做些什么呢？'我们在 20 世纪八九十年代的发展过程中出现了大量的问题。"

当然，因为这种商业模式基于开创性的新方法，需要收集个人数据并对私人公民的信息进行销售，所以争议总是会此起彼伏。

公司被指控未经美国联邦贸易委员会同意擅自共享数据信息，而且公司的"选择退出"机制也被质疑。

面对这种质疑，公司通过加大保密措施和数据保护政策进行回应，公司创建了 aboutthedata.com 网站，用于解释公司收集和使用个人数据的方式和方法。

学习的重点和启示是什么？

公司应用先进的日益复杂的方法对客户数据进行分析，让卖家有更多的机会可以在正确的时间点将他们最好的品牌呈现在潜在客户面前。

大企业对更准确定位目标客户的需求促使其数据分析能力的提高，而这一切都依赖于技术的发展。

最近数十年，大数据分析技术（如安客诚公司开发的一些技术）推动了许多采用这些技术的公司发展壮大。

当然，安客诚公司也更加关注至关重要的隐私问题。虽然直销行业做了很多工作，收集和解释数据也越来越得到公众的信任，但未来还有很多工作要做。

17　美国移民及海关执法局：利用大数据确保乘客安全和防止恐怖主义

背景

美国每年出入境人口数量接近 1 亿人次。美国国土安全部（DHS）不得不对一些港口进行检查和筛选，以确保其不被恶意破坏或对国家安全构成威胁。

自 2001 年 9 月 11 日以来，联邦机构已经花费了数百万美元，用于防止恐怖分子进入美国国境对美国本土进行进一步的攻击。虽然以前机场安全措施检测的重点在于运输危险物品（如药物或炸弹），但是现在这种重点已经转向识别恐怖分子。

国土安全部通过与亚利桑那大学的研究人员合作，开发出了一个自动化虚拟代理实时评估（AVATAR）系统。

大数据有助于解决什么问题？

美国自 9.11 事件以来，已经逐步意识到在每年数以百万计的入境旅客中，有一部分入境旅客存在搞破坏的意图。

现在，机场和其他入境地区已经大大加强了安全措施，通常由旅客管理机构对旅客进行一对一、面对面的检查。

当然，这种人工检查系统在一定程度上具有不可靠性。尽管移民局和海关的官员都受过高水平的训练，能够注意到不一致的行为和迹象（如一个人可能会对其进入美国的原因说谎，以及编造在美国打算做什么），然而不可避免的是，移民局和海关的官员有时也会判断错误。

研究表明，在所有通过沟通或观察的方法来判断某人是否说谎的过程中，并没有万无一失的方法，尽管很多人相信一定有“泄密信号”。更糟糕的是，人类不可避免地会疲劳或分心，这就意味着他们的警戒水平有时会下降。

当然，对计算机来说这些并不是问题，因为计算机可以在一天内以相同的警觉程度和清醒程度检查每一位旅客。

如何在实践中使用大数据?

AVATAR 系统使用传感器扫描人脸和肢体语言以获取最轻微的运动变化，这些线索可能预示着可疑的事情正在发生。此外，具有虚拟人脸和声音的计算机“代理”可以用英语提问几个问题。有关检查答案的话题和他们做出答复时的反应都会被监控，以便发现他们语调的波动以及所说的内容。

然后将这些数据与 AVATAR 系统内不断更新的数据反复进行匹配，通过匹配这些“可疑迹象”所对应的案例，可以揭示有人试图掩盖一些事情或者他们的旅行别有意图。

如果这些数据确实匹配到一个“可疑人物”，那么这位被测者将接受由专门的机构检查人员进行的进一步检查。

数据通过平板电脑和智能手机反馈给操作人员，这为他们在判断特定个体是否诚实提供了概率评估，每个被测者的各个方面指标均被编码成相应颜色，比如红色、黄色或绿色，这取决于 AVATAR 系统对各个指标真实性的判断。如果有太多的红色或者危险信号出现，那么这位旅客将会接受更深入的调查。

AVATAR 系统除了应用在美国和墨西哥边境之外，还被推广到欧洲边界，包括布加勒斯特的主要机场。

结果如何?

美国国家边境安全中心和移民局，在亚利桑那州诺加莱斯入境口对 AVATAR 系统进行了实地测试，他们得出的结论是：这台机器能够执行设计的任务。AVATAR 系统最终在美国和欧洲某些司法辖区通过了安全投产批准。

使用什么样的数据?

AVATAR 系统控制箱中内置了 3 个传感器，系统通过它们对一个人是否说实话做出概率判断。第一个传感器是一个红外相机，它以每秒 250 帧的速度记录眼球运动和瞳孔放大的数据。第二个传感器是摄像头，它可以从肢体语言中发现可疑的抽动或身体习惯性的动作，判断这些动作所代表的人们的内心想法。最后，由一个麦克风记录语音数据，它可以从语音数据中判断音高和音调的细微变化。

技术细节是什么?

系统通过人类表征数据库，并结合音频和视频数据采集设备了解被检查者是否存在某种可疑的行为。它是一个基于登记的系统，所有的操作都需要包含在一个单元内，这使得系统易于建立并能应用到世界各地不同的移民管理机构，尽管这些地方的高速数据网络可能不能使用。红外眼球运动传感器以每秒 250 帧的速度收集图像，可以捕获肉眼观察不到的微小活动。

面临的挑战是什么?

判断人类是否说谎是众所周知的难题。尽管自 20 世纪初以来，这种判断就以某种形式存在，但是没有任何测谎仪百分百可靠，而且美国或欧洲法院从来没有认为他们掌握了足够精确的结果可以作为说谎的证据。

AVATAR 系统旨在通过一个类似于预测建模技术的过程来克服这一历史性难题，而且这个技术已经应用于许多大数据项目。因为系统检查过很多的人，所以它能了解到很多面部、声音和情景性指标，有些指标可能表明一个人在说谎。然而传统的测谎仪基于他们的经验和获得的有限数据参考，依靠人类本身匹配这些信号是否属于可疑信号。由于 AVATAR 系统每年都要检测数以百万计的人，所以它应该建立一套更加可靠的参考数据库用来标记可疑旅客。

学习的重点和启示是什么?

随着美国出入境人口的不断增加，像 AVATAR 这样的系统可以减轻由于对旅客进行必要的安全检查所带来的人力负担。

机器有能力检测人类是否撒谎，而且如果他们有正确的数据和算法，它们的准确精度水平要远远高于人类。

人类尊重权威测试，AVATAR 进行的实验室测试发现，相比于普通友好的非正式性提问，当 AVATAR 采用一个严肃并权威的语气提问时，受访者更愿意如实回答问题[3]。

对于人类来说，有效地采用欺骗策略总是能够欺骗检测系统。然而，随着像 AVATAR 这样的系统变得更加高效以及它的广泛部署，欺骗成功的几率将显著降低。

18 Nest 智能家居公司：利用大数据在家中引入物联网

背景

物联网这一概念一直在升温，但这个概念突然开花结果是在过去的几年时间里。简而言之，它的名字来源于最初的互联网，现在我们都习惯于用电脑交谈生活中的事情。随着电脑的体积变得越来越小但功能却越来越强大，并且集成了越来越多的处理日常事物的功能（手机就是最典型的例子），所以几乎一切都可以使用数字进行相互交流。物联网不是一个由电脑组成的互联网，而是由一些事物组成的网络。

这个想法特别适用于居家用品，这就是为什么市场上智能化的日常工具和产品更新的速度越来越快。这些居家用品包括智能电视机、智能浴室秤、智能运动器材、智能厨房用具，甚至智能灯泡。

在智能家居第一次大规模出现时，Nest 公司就为自己的产品命名了。它们的产品包括智能恒温器、烟雾和一氧化碳探测器以及新推出的安全摄像头，这些智能家居产品安装在成千上万的美国家庭。2013 年该公司被谷歌收购，分析师对这一举动做出的解读释放出一个信号——搜索引擎巨头对开发“智能居家”操作系统感兴趣。

大数据有助于解决什么问题?

低效的家庭供暖系统浪费了巨大的能量。我们的生活遵循一定的模式，而且我们总是希望冬天早晨醒来时家里是温暖的。然而，很多时候我们是基于猜测设定的恒温器温度。“无声的”恒温器只是简单地做你告诉它们的事情：在某个设置的时间内打开，在某个设置的时间关闭。这将导致供暖系统效率低下，因为我们每天的日常活动模式都在发生改变，而且规律的安排对于生活在繁忙的 21 世纪的我们来说往往就是奢侈品。此外还需要避免一些其他的危险，比如当房子空置变冷时，水管可能在意想不到的情况下冻结，这将导致设备损坏从而产生昂贵的维修费用。

此外，能源公司有防止能源浪费的作用。他们负责确保在高峰时刻提供充足的能源供应，同时在不需要能源时最小化分布式网络领域内的能量。

如何在实践中使用大数据？

Nest 智能恒温器通过监测用户的日常活动调整自身的设置以便适合用户的需求，它“掌握”最有效的策略让用户家里的温度始终保持在一个舒适的水平。

通过每次用户设置温度的时间（用一个简单的拨号进行设置），它会记录用户在一天不同时刻内的活动。而且它还会使用运动传感器来记录用户何时回家以及何时出门。它渐渐地开始理解用户的活动模式，计算出用户家里最适宜的常规供热系统。它可以与任何家庭供暖系统进行集成，并能基于理解用户正在做的事情动态地调整温度，使之保持在一个舒适的水平。不同的加热系统存在个体差异，所以把室内加热到所需温度的时间是不同的，它可以将这种差异考虑进来从而进一步减少能源浪费。例如，如果它知道用户经常在上午 9 点离开家，并且知道用户的加热系统可以让家庭保温一个小时，那么它就会在上午 8 点关闭开关。

除此之外，能源公司也可以利用智能恒温器进行远程控制。许多能源供应商基于某个协议会为房屋所有者提供免费的恒温器，这个协议的前提条件是准许公司在某些时候控制智能恒温器，以便应对能源网络内高峰和低谷时刻不同的需求状况。能源公司替每个签署这些协议的客户向 Nest 公司支付约 50 美元，因为它们可以通过调节高峰期使用产生的结余弥补公司的其他损失。

结果如何？

Nest 公司创始人兼首席执行官托尼·法德尔告诉我，它们与电力公司的合作让电力公司可以调节能源供应，最终减少了使用地区内 50%的能源消耗。

2015 年初，客户利用 Nest 公司提供的智能恒温器对家中的能源结余进行了 3 次研究，研究发现家庭设备供热成本削减了约 10%～12%，家里安装的空调冷却成本下降了约 15%[3]。

Nest 恒温器在设置时收集用户信息，比如位置数据以及它是家用版还是商业版的属性。恒温器内的传感器收集温度和湿度相关数据以及光照水平，用来检测它是否在特定的房间内使用。Nest 恒温器还监视和存储来自运动传感器的数据，据此判断是否有人在家。然后通过温度的调整，随时收集用户与它直接交互时产生的数据。恒温器使用这些信息构建一个了解用户的习惯，并能让他们感到舒适的计划。

此外，Nest 保护系统使用烟雾和一氧化碳传感器检测烟雾和二氧化碳水平。它在必要时使用这些数据提高系统警觉度，并且在发生火灾时可以断开恒温器。

Nest 公司的智能家居产品通过相机记录存储视频和音频数据（取决于用户的订

阅级别，最长达 30 天)，用于保障实时分析。例如，如果房子主人已离开家而它却检测到有人活动时，它可以向你的手机发送入侵者警报信息。

技术细节是什么?

Nest 公司推出的各种设备建立在公司本身专有的操作系统之上，它们来自开源操作系统 Linux 以及其他一些开源技术。除了利用现有的家庭或工作场所的无线网络基础设施外，这些设备也可以使用自己的无线通信协议彼此间进行通信和交流。Nest 公司也开发了适用于公司本身的协议，到目前为止，它允许使用包括洗衣机、智能墙上的插座、健身追踪手环和连接设备的智能手表在内的第三方物联网设备。

面临的挑战是什么?

公众对隐私的关注度比较强烈，尤其是家庭隐私。Nest 公司欧洲部总经理莱昂内尔・帕耶表示，他着重强调保护客户隐私是商业模式中十分重要的一条。

他告诉我：“信任绝对是我们做一切事情的基础——尤其是在家里，这可能在你心理上是最私密、最神圣的地方。”

“所以用户信任理念一直是我们做一切事情的指导原则。我们的隐私政策是整个用户体验的核心——这是写在控制盒中的应用程序。”

起初谷歌收购 Nest 公司引发了人们的争议，因为他们不知道谷歌会如何处理一些敏感数据，比如人们在自己家里的一些行为。特别是许多人表示这些数据对保险公司和能源公司极有价值，这些公司可能实时访问有关他们日常活动的详细数据。Nest 公司已经直截了当地表示：他们在任何情况下都不会向任何人甚至它们的母公司分享智能恒温器和烟雾报警器监控到的个人数据信息。然而一些持怀疑态度的人反过来指出，这一决定可能在公司被收购后便不再适用。此外，因为许多客户接受它们的免费设备或者电力公司给予的补贴（如前所述），有人质疑这些公司（作为用户协议的一部分，它们可能会征求客户的许可来监视他们的数据）能否以同样严格的措施永远保护他们的个人数据。

学习的重点和启示是什么?

一段时间以来，智能家居一直是一个“不受待见”的行业，但是像 Nest 公司推出的恒温器等产品让智能家居技术的应用逐渐成为主流趋势。

然而当我们设想不远未来的智能家居时，我们脑海中出现的不能总是电视剧《杰森一家》中的场景——电视剧中的智能家居概念要么已经过时，要么可能从未出现。

“我们对‘体贴家居’感兴趣。比如，昨天我用一个开关操作家中的设备，而今天我可以使用我的智能手机来操作。但是，那真的可以让我们的生活更美好吗？”

“家居要体贴你并能理解你的习惯。”

谷歌作为Nest公司的母公司，一直渴望更深入地开发能源行业（比如谷歌以前的产品，如能量感测和电表产品等）以及居家行业。既然“家用电脑”的想法已经变得冗余，那么当一切事情都能够被处理时，为什么我们还需要一个专用的设备处理数据并进行数码通讯呢？ 然而，它仍然需要平台，因为只有通过平台我们才可以推出搜索引擎和操作系统（以及接收广告）。所以，除了“居家操作系统”之外，还需要一个系统可以整合这些单独的技术并一起进行销售。

帕耶告诉我：“过去常常流行一个段子，受营销广告的影响，当人们初次购买恒温器时，总是期待它像广告中宣传得那么棒，而现实却往往让人大跌眼镜。随着大数据技术的来临，这种段子应该就不会发生在现实生活中了，因为海量的数据会告诉我们产品究竟有没有宣传得那么好。”

19　美国通用电气公司：利用大数据推动行业互联网化

背景

通用电气公司的产生基于托马斯·爱迪生的革命性发明，19 世纪中后期通用电气首次为无数家庭和企业用户带来了电气照明和机器设备。通用电气公司是第一个投资计算机硬件的私营公司，并在超过一个世纪的时间内保持在创新的最前沿。今天该公司生产的机器供应着世界上四分之一的电力。

通用电气公司作为大数据时代的一家巨型企业，它在 2014 年创造了近 1500 亿美元的收入，连同其子公司共雇佣了 30 万名员工，它已宣布计划建立它所谓的互联网产业。

和进入我们日常生活的智能产品和数字技术一样，类似的情况也发生在工业领域。在制造业、运输业、金融业和航空业中，为了提高生产力和效率，使用编程机器来相互交流和沟通。通用电气公司的工业互联网概念为这一转变提供了相当牢固的基础。作为该计划的一部分，2012 年通用电气宣布将在 4 年的时间内向位于加利福尼亚州圣拉蒙市的国家艺术分析总部投资 10 亿美元。

通用电气的机器和系统被用于航空业、制造业、医疗业、能源生产和运输业、采矿业、供水行业、交通业和金融业。

大数据有助于解决什么问题？

当你操作喷气式发动机时，操作效率上任何微小的变化对运营成本和安全问题都可能会产生不可忽视的影响。

必要的机器停机时间直接导致了收入的损失，因此还必须给系统分配昂贵的人力资源以完成系统的保养和维护。

如何在实践中使用大数据？

通用电气每一个部门的工作机器上都安装了传感器，用以收集、测量和分析数据，以便提供指导机器如何进行操作的信息。这意味着细小变化的影响（例如操作温度或燃料水平）也可以被密切监测甚至可以检测出改变它们的影响因素。

通用电气所有的涡轮机、医院扫描仪和飞机发动机所处的操作条件一直不间断地被监控着，在某些情况下，可以进行实时数据存储以便后续的分析。

例如，在航空领域中，数据主要用于自动安排维护，以减少由于意外事件造成的维护工作延误或车间拥堵。系统能够预测何时部件可能会失效，预定引擎维修计划以及确保车间内备有必要的替换零件。位于阿布扎比市的阿提哈德航空公司成为第一个部署通用电气智能操作技术的航空公司，并与位于埃森哲市的咨询公司发展成为合作伙伴关系。

通用电气还进行了生产和运行可再生能源的操作。公司在世界各地共有 2.2 万台风力涡轮机，每一台都受到监测，并且监测系统不断地将操作数据以流媒体的形式上传到云端，通用电气分析师可以通过这些数据分析调整风力涡轮机刀片的间距和方向以确保捕获尽可能多的能量。智能学习算法允许每个涡轮机模仿其他附近涡轮机的操作，适应它的行为以取得更高的操作效率。

运行通用电气公司设备以及将这些设备及相关系统作为它们业务中一部分的客户也可以使用这些物联网功能。比如电力公司、航空公司、银行、医院和其他机构，它们可以将自己使用的数据上传到基于 Hadoop 平台的分布式云端网络，在这里通用电气公司预测分析系统会对这些数据进行相应分析以供它们使用，它们也可以使用其他合作伙伴开发的软件和开源解决方案。

结果如何？

虽然通用电气还没有发布整体数据，但是他们声称工业客户通过减少机器停机时间，平均每年可以节省 800 万美元。

他们还说，如果他们的系统可以在 5 个关键领域内提高操作效率，那么企业就可以采用大数据驱动技术，这样可以节省约 3000 亿美元的费用。

使用什么样的数据？

通用电气生成、捕获和分析源自他们公司内部机器操作的数据，以及从广泛的外部供应商提供的外部数据，包括气象、地理、政治和人口统计等数据。

这些外部数据的形式包括卫星图像。通用电气利用卫星图像寻找何地植被应该被砍伐，以避免在风暴期间由于倒下的树木造成停电的风险。

每天光是通用电气一个天然气电站发电机就产生大约 500 G 的数据，涵盖从环境温度操作到它将煤炭转化为电能的效率等数据。

技术细节是什么？

伊梅尔特说，分布在世界各地的共计约 25 万件机器在 2013 年已经安装了物联网传感器。所有的这些数据被传送到基于 Hadoop 平台的工业数据贮存服务器，客户可以尽快“插入”并访问相关行业的数据，并且这种访问往往可以实时进行。它提供了一系列访问和解释这些数据的工具，包括公司自己的服务以及合作伙伴 Pivotal 和 Accenture 等公司开发的工具。

面临的挑战是什么？

通用电气系统架构师和工程师在推出他们的工业网络基础设施时所面临的最大挑战就是规模问题。大量的工业机械运作以及分布在世界各地的客户意味着创建一个所有客户都可以访问的系统将很有价值，尽管这对数据集中存储和分析来说是一项艰巨的任务。

通用电气通过大大增加他们对分析人员和研究人员的投资来应对这一挑战，以便能够解决它所面临的基于大量数据分析对高速服务能力的需求问题。为了充分利用旧金山海湾地区的人才资源，通用电气在那里建立了分析操作中心。这也使得通用电气开始接触一些从事分析引导式技术的创业公司，他们与这些公司合作并在某些情况下对它们进行投资或收购。发展这种快速分析资源的能力很有必要，因为它可以满足通用电气公司工业客户不断增长的需求。

学习的重点和启示是什么?

通用电气以惊人的速度和敏捷性迎接商业和工业世界中大数据和物联网时代的到来。通过观察游戏行业如何在初期阶段利用先进的分析技术产生较高的价值，通用电气继续保持开创性的风格，利用大数据分析技术助力自身发展。

互联技术对于提高各领域的工作效率方面蕴含了巨大潜力。为什么非要等到机器出错或失败时才想到进行控制？明明早些时候的预测可以将停机时间的损失控制在最小。因为机器能够做出比人类更可靠的预测，所以我们有充分的理由教它们该如何去做。

通用电气公司的成功经验表明，结合数据进行分析是提高效率的关键。

20　Etsy 网络商店平台：以巧妙的方式利用大数据

背景

Etsy 网络商店平台是一个在线网络市场，它可以将出售手工品和老式产品的卖家与来自世界各地的买家联系起来，该平台于 2005 年在纽约的一家公寓内成立。经过 10 年的发展，到 2015 年 Etsy 已经成为点对点市场交易的领跑者，让小规模制造商和零售商每个月都有数以百万美元的销售额。所有这些销售业绩的取得归功于优化和简化提供给用户的买卖过程，无论用户是否精通技术，Etsy 都能提供给他们最舒适的体验。

大数据有助于解决什么问题？

卖家中既有专业工匠又有业余爱好者，他们之中的许多人除了全职工作收入外，还将在线网络销售业务作为他们的一个副业收入。它之所以成功地吸引了如此多的卖家在于它操作起来很简单，任何人都可以注册一个帐户并立即开始销售。这种点对点形式的交易也发生在很多面向商业销售的网站，比如亚马逊和 eBay 网。但是，Etsy 平台已经开发了一个项目，为客户寻找通常作为礼物的个人定制商品。因为平台上拥有超过 3200 万件独特的物品，所以 Etsy 可以帮助客户找到他们所寻找的东西，无论它是一个手工制作的婴儿毯子还是一个小胡子杯，但这在过去却是一个大的挑战。

在接受《华尔街日报》采访时，Etsy 平台基础设施和运营高级副总裁约翰·阿尔斯帕瓦解释道："因为独特性，所以我们必须做更多的工作帮客户找出他们需要的商品。"

如何在实践中使用大数据？

Etsy 平台成功的关键在于它已经逐渐演变成为一个全球品牌。通过监测和分析每一位访客点击的网站信息，Etsy 数据工程师能够分析什么事情可以促成交易，什么事情会导致客户离开网站——主要的原因在于无法找到他们所需要的商品。通过在网站上监测用户的行为，Etsy 平台能够实时提供个性化的推荐和搜索结果。

还有一个基于数据分析的例子，公司注意到，虽然很少人使用书签按钮来标记他们喜爱的产品，但是那些经常用书签标记的人更有可能在网站上注册一个账户。通过简单地将这个按钮添加在页面上的突出位置，可以让新增注册用户立即注意到。

Etsy 公司的每个部门都有内置分析系统，不像许多企业只把系统局限于营销部门。公司的内部流程决定了这种系统配置，它允许每一位工程师部署实时测试代码，以便进行实验并记录他们对关键业绩指标的影响。

据报道，每天网站都要进行 20～30 次更新。每个星期，公司所有员工访问的 80%的数据都存储在数据中心。2009 年，该公司收购了 Adtuitive 交付平台，这个平台可以有针对性地发布网上零售广告，Etsy 公司用它自己的算法整合了该平台的服务器。

Etsy 公司特别重视大数据，标志性事件就是公司的现任首席执行官查德・迪克森（以前是公司的首席技术官）用数据驱动式营销策略设计业务。就像公司的竞争对手那样，为了卖出更多的主流、批量生产的商品，它建立了自己的推荐引擎，用来推荐访问者在浏览时可能会感兴趣的产品。

大数据分析例程对预防欺诈也进行了部署，它可以扫描每天服务器内发生的数以千计的交易信息，及时发现欺诈活动的迹象。

结果如何？

Etsy 公司报告的营业收入持续上升，并且自 2015 年 4 月首次公开募股以来，该公司的股价大幅上涨。2015 年上半年，Etsy 报告年中的营业收入为 1.19 亿美元，比 2014 年同期增长了 44%。

在 10 年的时间里，Etsy 公司已经成功地利用互联网作为市场，销售定制品、手工品和自制的商品。Etsy 平台上有 2170 万名活跃的买家和 150 万名活跃的卖家，特别适合出售定制产品和礼物。如果不是积极投身于大数据分析，这一切都不可能发生。

使用什么样的数据？

记录销售和浏览行为的数据都需要收集。Etsy 平台生成了大量的点击流数据，包括用户在网站上如何移动以及他们逗留多长时间。这些浏览数据可以被卖方通过他们的店铺系统统计，实现数据信息共享，同时允许他们进行自己的分析，这有望增加他们的收入。当然，Etsy 平台也会从销售份额中获利。

技术细节是什么？

目前公司所有的数据都收集在 Hadoop 框架中，供内部运行使用，而不是通过云端运行。（起初，Etsy 使用亚马逊公司的云端 Elastic MapReduce 技术服务，但一年后，它决定在公司内部进行数据处理工作。）Apache Kafka 服务器帮助 Etsy 保持它在数据链条上的上游地位，并将数据加载到 Hadoop 平台。除此之外，Etsy 公司利用开源的机器学习框架 Conjecture，帮助它创建预测模型，进行实时用户个性化推荐，提供搜索结果。虽然 Hadoop 平台对于 Etsy 公司的大规模数据挖掘十分理想，但是该公司仍旧在 Hadoop 平台上附加使用 SQL 引擎用以进行更多的临时数据查询。

面临的挑战是什么？

Etsy 公司致力于创造适宜于大数据创新和实验的环境，但是这需要广泛访问和利用多家公司的数据。Etsy 发现除非将数据置于公司内部进行处理，否则这很难实现。在接受采访时，Etsy 首席技术官艾略特·麦克雷解释说，将数据引入内部使用可以使其利用率增长 10 倍。常见的假设认为数据云鼓励进行更大的数据实验，但与该观点不同的是，艾略特·麦克雷指出："假设你有一个数据中心运行这些数据，相较于云端处理，将这些数据进行内部处理，可以得到更好的实验结果。"

随着手工市场的竞争越来越激烈，Etsy 可能也面临着新的挑战。据报道，亚马逊推出了一项极具竞争力的服务，名为"亚马逊手工"。由于亚马逊公司在大数据领域的熟练应用，无疑将会使其成为 Etsy 的一个非常强有力的竞争对手。

学习的重点和启示是什么？

在 Etsy 对大数据的使用方面，有两件事情值得关注。第一，整个公司广泛采用它所产生的数据进行决策分析。很难想象，在许多其他零售公司中，要求 80%的员工利用每周的数据分析做出驱动式决策。但是 Etsy 公司表明，这是可以实现的，而且也是可取的。第二，Etsy 为客户创建了个性化的体验，所有零售商都可以学习这一点。但是正如阿尔斯帕瓦所说："有的公司只是简单生成买家实时建议，而有的公司却是生成好的买家实时建议。"

21　美国叙述科学软件公司：利用大数据写文章

背景

对于人类来说，我们认为文章是一种有效的信息传递媒介。这里面包括具备教育意义的真实案例、为了实现娱乐效果编写的虚构故事以及介于两者之间的其他叙述。

叙述科学软件公司位于芝加哥市，公司已经利用大数据来接受自动化过程带来的挑战。起初，他们只是自动发布体育比赛中的十大网络热点新闻，随后他们逐渐为《福布斯》等国际媒体组织发布商业和金融新闻。

他们通过自然语言生成程序实现新闻文章发布，根据计算机数据库的文章，使用先进的机器学习过程创造故事情节和人物，这些文章读起来就像是人类自己写的。

大数据有助于解决什么问题？

人类的大脑本身很容易信息过载，在巨大的图表和数据表格面前容易迷失自我。一个悲剧的例子就是1986年挑战者号航天飞机遇难。尽管技术人员监控着航天飞机的重要系统，但是任务控制员对来自这些系统的大量信息感到无从下手。毫无疑问，隐藏在某个地方的信息暗示他们的航天飞机可能会发生爆炸。然而由于他们忙于处理大量的表格、图表和打印数据，预警信号没有被发现，最终导致了灾难性的后果。

此外，有时相同的数据对于不同的人来说会意味着不同的理解。负责调查和报告数据驱动结果的人们需要将图表和统计数据转化为可操作的说明，这种说明在某种程度上需要被负责执行的人准确地理解。这需要时间和努力，尤为重要的是，还需要站在负责调查人的角度做出理解和沟通。

在媒体界，如果一个记者想要把复杂的金融、技术或法律数据向听众解释清楚，那么他需要具备上述技能。记者或者其他进行叙述的人为了说明与之相关的报道，需要向读者指出什么是“木”以及什么是“树”。换句话说，他们必须让读者意识到被报道的事件将会如何影响他们自己的生活。

这意味着阅读文章的读者或观众必须信任创作文章的人，有的读者会对信息感到迷茫，所以他们需要正确地辨别与自己相关的信息，并用准确和客观的方式将信息传递下去。读过报纸的人都知道一些文章并不总是真实的。

如何在实践中使用大数据？

叙述科学公司创建了 Quill™ 系统，他们称之为“自然语言生成平台”。Quill™ 从图表和统计数据中提取信息，并将这些信息送入平台中转变成有针对性的“文章”供需要的人使用，平台用浅显的英文书写和叙述故事。

这些文章被媒体作为新闻报道、充当特定行业的报告并被个别公司用来进行内部沟通。

公司的客户包括福布斯、万事达卡和英国国家卫生服务组织。所有这些客户可以通过“软件即（SaaS）”访问 Quill™，由于 Quill™ 是基于云计算的平台，所以它可以收集到与特定读者相关的具体信息，并用人类自然语言写出容易被理解的文章。

结果如何？

很难区分 Quill™ 产生的文章和人类作者写出的文章之间的具体差别。包括《福布斯》杂志在内的主流媒体多年来一直使用该软件创作新闻作品，公司网站上对这些作品都备有存档，下面是一些样品。

分析师预计，底特律能源公司将在 2015 年 7 月 24 日周五公布第二季度业绩，该公司在这一季度的利润更高。业界普遍认为每股将会盈利 84 美分，比一年前每股 73 美分的盈利上升了不少。

分析师预计，富达国民信息服务公司将在 2015 年 7 月 23 日周四公布第二季度财报，该公司在这一季度的利润下降。虽然一年前富达国民信息服务公司公布每股盈利 75 美分，然而业界普遍要求每股收益 71 美分。

由此可见，软件写出的文章很好，因为在不知情的情况下人们无法区分哪篇文章是人类作者所写的。

使用什么样的数据？

Quill™系统可以导入结构化数据，并将这些数据转换成规定的存储格式，比如 JSON 格式、XML 格式和 CSV 格式等。起初，叙述科学软件公司主要用这一系统记录体育比赛信息，然后把这些赛事信息进行分析、处理，最终渲染成网络上流行的热点报道。

在这一系统应用过程中，公司很快意识到这种信息分析方式具备更广泛的潜在应用价值。公司创始人克里斯•哈蒙德对我说："我们很早就意识到通过数据分析技术对数据进行解读，能够帮助处理和解决一些非常紧迫的问题。如果连大数据都做不到的事情，就别指望依托可视化仪表板做到。我们公司正准备招募一批真正一流的数据人才，让他们坐在计算机屏幕面前，依托数据分析处理技术，为那些有想法但缺乏分析表达能力的人们写出他们想要表达的东西。

"在实践过程中，我们意识到，上面提到的这些想法 Quill™ 系统都可以实现，它能够覆盖到"最后一英里"，并能够解释它所做的一切工作。其实，这本质上属于 B2B 业务。"

克里斯•哈蒙德还提到，他们随后发现 Quill™ 系统可以在包括房地产在内的许多领域内大展身手。比如，在房地产领域，对买房投资者来说，房地产销售数据可以转化为房产报告；在经济领域，对基金经理等金融人士来说，可生成以数据为中心的市场报告；在社会服务领域，对那些提供公共服务的单位来说，政府公开的社会服务数据可以转化为行动方向。

此外，免费的 Quill Engage™ 服务还能够对谷歌提供的数据进行分析，进而为网站所有者创建自定义报告，为网站进一步改进提供数据支撑。

技术细节是什么？

叙述科学公司使用基于云的 SaaS 平台对数据进行紧缩处理。数据库储存在亚马逊网络服务的云端。然后通过数据分析，并使用人工智能算法将这些数据转化成文章。需要特别指出的是，该公司应用了自然语言生成软件，而自然语言处理是人工智能的一个分支。叙述科学公司对汇集数据分析、推理和叙事等技术持有专利。

面临的挑战是什么？

自然语言生成产生了一些严重的问题，主要是由于我们有许多不同的沟通方式，以及语言中存在的微妙差别。尽管 Quill™ 目前只支持英文创作，但是仍然有很多不同的英语方言使得用同样的单词组合成的句子却具备不同的语义结构。

如何区分和理解不同模式下的语义呢？Quill™ 系统主要通过重视单词这一组成句子或段落的底层结构，对单词使用的背景和意义进行理解、分析，这个问题就可以迎刃而解了。

克里斯·哈蒙德说："Quill™ 系统判断和分析能力非常强，如果听到有人讲话，它甚至可以先于人类判断出'这是人类语言'，而且同时还能通过分析和考察数据给出一些至关重要的信息。比如，对于某段讲话，它能够描述出发生了什么事情、哪些信息重要、哪些信息有趣。在解读整段话语意之前，以上这些分析内容就已经全面展开了。其实，它解读一段话的语义不过是'最后一英里'的事，在此之前，对于文章的结构和叙事内容它早就'了然于胸'了。"

学习的重点和启示是什么？

对于 Quill™ 系统，它得到的叙述内容中需要包含重要的和有价值的信息，因为这些信息是解析过程中的重要组成部分。这一系统可在人类和机器之间搭建起专业的沟通桥梁。

过去我们认为更适合人类的工作，现在越来越多地由计算机来完成，例如发表新闻报道或创作一些故事。

尽管 Quill™ 彰显出较大的应用优势，但是目前仍有一些交流场合，需要人们亲自坐在计算机面前完成。因为虽然 Quill™ 可以利用数据信息将分析报告做得越来越好，但是由于在提取数据信息能力上尚有欠缺，一些分析报告还不能生成。Quill™ 依赖于程序吸收必要的数据，而它本身却不能够获取数据。鉴于此，在不久的将来，如何获取信息无疑将成为进一步研究自然语言生成的新领域。

22 BBC：如何在媒体中利用大数据

背景

BBC（英国广播公司）是世界上最大的媒体公司之一，BBC 作为一个公共广播服务公司，在没有广告商资助的情况下运营相对独立。

公司制度中规定不需要广告商资助的目的在于公司能够不受运营企业的干扰。另一方面，基于执照费用的体制也给 BBC 一些创新自由，但因为它在调试程序时不必担心会吸引大型广告企业投资，所以有时可避免一些风险。

然而，BBC 不同于其他大多数大型媒体机构之处在于公司大规模应用大数据分析技术。现在，BBC 大部分内容是以数字化的形式输出的，它通过公司的 iPlayer 和 BBC 在线服务生成和收集的数据量越来越大，并将这些数据输出给公司的客户。

大数据有助于解决什么问题?

在本国市场，英国广播公司致力于为大众提供有价值的内容。该公司首任总监约翰·瑞斯将有价值的内容定义为那些具有教育意义、能提供信息或能够娱乐大众的消息。

在国际市场，他们的运营方式略有不同，通过 BBC Worldwide 部门，利用广告创收，并且在国际市场上与私营广播公司和新闻媒体竞争。

这意味着英国广播公司同其他公司所面临的问题从根本上是一样的，即如何通过向观众、读者提供有价值的信息来吸引受众。

数字内容一般不以线性方式呈现（比如通过计划好的电视节目单、无线广播或传统报纸上的内容呈现），而是通过让观众自己选择他们接下来想要读什么或者看什么，使得观众能够有效地根据自身需求个性化定制自己的规划表。

这意味着必须在每个注意力转折点上抓住受众眼球。不像过去的传统呈现方式，通过晚上黄金时间的开始时段放映一场吸睛的明星秀来吸引观众，就可能意味着你将在接下来的一整晚获得了观众的注意。

如何在实践中使用大数据？

BBC 公司以它的新闻报道闻名于世界各地，它一直以来利用数据分析来提高新闻的深度、广度以及表现力，这也是英国广播公司大数据战略的重要组成部分。

英国广播公司在 2013 年为其合作伙伴在大数据项目上做了广告，向商业伙伴投资 1800 万英磅用以帮助它们开发用于分析和预测模型的平台和框架。需要特别指出的是，英国广播公司正在通过数据算法内容为其合作伙伴提供建议（即接下来观众可能对哪一类电视节目、新闻报道感兴趣）。

“我的 BBC”项目活动最近比较热门，它旨在通过为门户网站 BBC 在线开发更多相关内容，调查研究和深化公司与观众的关系，鼓励通过社交媒体促进双向沟通，由此可以为媒体编辑和创意团队提供更多线索，寻找更多观众想看的内容。

在试运行期间，他们也尝试利用人脸识别技术判断观众对电视节目的反应。英国广播公司的荧屏试映实验室通过使用所设计的摄相机监测 4 个国家的观众对 50 个不同电视节目的反应，进行观众的面部表情监控并对其所传达出来的情感进行解析。在有一次实验中，为了得到观众对《新福尔摩斯》某一季首映式剧集预告片的反应，公司对澳大利亚的一些家庭进行了监控观察，以便获取他们的看法。

结果如何？

研究人员通过分析澳大利亚试验的结果发现，能让观众保持高度观看热情的节目往往是被标记为“令人惊讶”或“悲伤”的节目，而不是“有趣”的节目。这使得该节目制作人在节目中引入更多的神秘和悲伤的元素，同时减少喜剧元素。

使用什么样的数据？

英国广播公司通过 iPlayer 服务收集人们何时以及以何种方式观看他们的数字输出产品相关数据。不仅如此，关于 BBC 在线门户网站上的信息使用情况也被收集和监控。此外，通过从用户注册服务或者公共记录中查询到的人口统计信息，进一步加强了相关数据的完整性。英国广播公司也使用社交媒体数据进行分析衡量观众对公司播出节目的评价。荧屏试映实验室项目也通过捕捉观众的面部表情，进行相关分析，获取观众信息。

技术细节是什么?

BBC 在线新闻机构的记者都需要训练基本的数据分析技能，这些技能涉及使用 Excel 分析数据以及利用谷歌融合表查询数据。

对于更大的数据集分析，分析师需要依靠包括 MySQL 和 Apache Solr 在内的多种技术。新闻团队包括精通软件开发的主要技能人群以及专注于研发数据编程语言（比如 R 语言和 Python 语言等）的人群。

面临的挑战是什么?

作为一家公共广播服务公司，BBC 直接向政府和纳税人负责，它已经承诺相比于其他私营媒体机构，它会采取更为保守的隐私和数据保护方法。

BBC 全球消费者数字技术主管迈克尔·弗莱西曼在 Web 杂志《计算机信息处理技术》上说：“BBC 在整体上需要一个非常保守的方法。它需要有组织地进行密集检查和智能过程检查，确保我们正在采取稳健的方法。”

据报道，BBC 关于大数据项目的首要原则在于如果一个项目可能会有隐私和数据保护方面的风险，那么这个项目就不会付诸行动。

BBC 广播公司面临的另一个挑战是服务人群规模的扩大。因为公司独特的资助模式，BBC 在英国不允许显示广告服务，在这里大部分的输出是一种消费行为。这意味着对于特定的内容模块，比如说某个非常受欢迎的新闻报道，游客数量会大规模激增，这种数量的增加并不附带商业服务所期望的广告收入的激增，然而它确实需要大量增加相应的带宽成本。在 2011 年，BBC 首席技术架构师德克威廉·高罗佩对《麦客世界》说：“我们的收入保持不变，我们没有多赚一分钱。”

“所以，当我们的用户数量上升到之前的 10 倍规模时，我们必须找到一种比先前省力 10 倍的做事方法”。

因此，用于运行 BBC 数据操作的技术基础设施开发的原则在于应该尽可能地提高成本效率。这些措施中包括通过建立自己的服务器来减少对现有解决方案的依赖以及使用磁带介质进行存储而不是使用硬盘，因为硬盘存储更昂贵而且失败的几率更大，因此会导致更高的维护成本。

学习的重点和启示是什么？

现代媒体公司运营的数字环境意味着他们具备理想的条件可以越来越多地利用不断发展的大数据技术。无论是公立公司还是私人公司，这一点对于他们来说都适用。因为无论是哪种公司，它们的目的都是增加收视率并向消费者提供较竞争对手更多并且更有价值的内容。

英国广播公司有一些优势，比如它不需要取悦广告商，所以在某种程度上意味着他们有更多的创新自由，它不需要不断证明公司的创新是否会影响到公司的利润。

然而 BBC 公司也面临着特殊的挑战，包括需要投入更多的精力来认真对待数据隐私和安全问题。公司有责任向公众解释账目情况并最终向议会报告。如果公司在这个领域由于违反规定或疏忽而产生了不良的政治影响，这是无法被容忍的。

23　米尔顿凯恩斯市：利用大数据创造更加智能化的城市

背景

米尔顿凯恩斯市是一个位于英格兰中部的较大城镇，它拥有约 23 万人口（在理论上它通常被称为一个城市）。它是一个在 20 世纪 60 年代开发的“新城”，用来容纳伦敦不断增长的人口。所以从一开始，该城镇就把电信行业纳入城市规划考虑之中，它的“网格模式”基于美国现代城市规划技术，没有所谓的传统的“市中心”，这种模式有机地推进了城镇的自然进化。

米尔顿凯恩斯市的规划使得电信行业能够解决公民在城镇中心工作所需要的大量通勤需求。在这里，公民每晚回到位于郊区的家之前，那里的电信企业便紧密合作为方便他们的生活做好准备。在当地市场人们无须面对面就可以进行贸易。这也促进了外地仓储和物流网站的开发，它们会开发便宜的、未被利用的而且交通基础设施好的地块，比如临近高速公路的地块等。

这种理念到 21 世纪初期还在发展，互联网通信的迅速扩张促进了“智慧城市”概念的发展。智慧城市涉及多种技术的应用，包括信息技术和大数据，它需要考虑公民生活的各个方面，从废物管理到公共交通，它的目标是提高人们的生活质量。

由于米尔顿凯恩斯市与其他主要城市关系紧密，比如伦敦和伯明翰，这时米尔顿凯恩斯市本身已经发展成长为一个技术中心，它是一个技术人员和年轻人口占主体的城市。这意味着英国将它选为智慧城市项目的实施地是一个自然选择。

为此，市议会申请该城市项目，最终米尔顿凯恩斯市从英国政府和英国电信得到 1600 万英镑的投资，目的是启动和发展米尔顿凯恩斯市智慧城市基础设施项目。

大数据有助于解决什么问题？

米尔顿凯恩斯市除了符合英国和世界各地其他城市的经济预估增长，它的人口数量预计在未来几年内还将继续快速增长。估计未来 10 年的时间，将会有 5 万人在这里安家，城市总人口届时会达到约 35 万。

现有的市政基础设施迫切需要进行改动。比如，道路存在拥挤的风险，现有的公共交通设施不足，空气质量会下降，废弃设施将泛滥，学校将变得拥挤。所有这些都将不可避免地导致人们生活质量的下降。

除此之外，为了减轻气候变化的影响，英国和许多发达国家的城市都已承诺减少空气中的碳排放。

如何在实践中使用大数据？

大约在三年前，米尔顿凯恩斯委员会看到数据驱动方法对于基础设施规划和服务交付的价值，但是他们缺乏内部的技能来实现这个技术。他们接洽业务社区寻求帮助，建立一系列的论坛讨论未来可能出现的选择，并且开始与几个合作伙伴共同讨论开发米尔顿凯恩斯智慧城市的愿景。

在开放大学（The Open University）和英国电信的帮助下，米尔顿凯恩斯启动了具有关键性意义的 MK：Smart（米尔顿凯恩斯：智慧城市）项目。它将作为城中所有其他项目的数据中心，利用获取的相关数据对其他项目的有效性和影响力进行评估。

城市通过物联网，可以解决交通、能源效率、供水规划、企业发展和教育提供等方面的诸多问题。比如，如果将传感器安装在废物处理设施上面，这意味着清空他们的垃圾车的过程可以变得更有效率。通过监控公共空间中的交通状况和人行状况可以计划公共交通路线以及人行道和自行车道等基础设施的建设。

目前许多项目正在进行中，比如，许多家庭正在参与试验能源提供商德国意昂集团提供的节能家电和智能电表项目，该集团还向其他家庭提供免费的电动汽车，以便开展为期一年的技术可行性研究。在不久的将来，我们会看到英国第一个无人驾驶的汽车在拥挤的道路中穿梭。

CAPE 城市计划中最新的倡议便是使用卫星图像和房屋热量释放数据帮助公民管理他们自己社区的能源计划，最终减少他们的碳排放。它将使用建筑卫星图像和能源数据的补充数据定位社区，让社区可以受益于能源改造计划。这在英国是第一次实施，同时也是对 MK：Smart 项目的最新补充。

结果如何？

虽然项目仍处于初期阶段，但是米尔顿凯恩斯委员会已经开始与整个城市 40 多个项目合作伙伴建立合作关系。

委员会战略部门主任杰夫·内尔森告诉我，这一计划已经在理论和技术上证明可行，现在的重点在于发展用于开发和交付服务的可持续的商业案例。

他讲到："国际上对于这些项目带来的实际好处缺乏确凿的证据，我们要做的就是证实这些好处……尽管我们有大量的研发资金，但现在我们仍处于发展阶段，我们需要更加努力……很多解决方案都在于通过收集更优质、更及时、更准确的信息来提高交付效率。"

使用什么样的数据?

将卫星图像作为城市规划的数据基础，通过使用这些图像数据来监控城市的发展情况，确保建筑开发符合相关策略和规则。

收集的数据来自 80 多个负责废物处理的站点，它们以最优的方案确保清理废物垃圾的效率，减少能源浪费和不必要的二氧化碳排放。

通过传感器监测城市道路中的交通流量，用于提醒驾车者道路拥堵状况，并为未来基础设施建设规划提供数据依据。

智能路灯技术收集人们通常在夜间何时、何地行走的相关数据，确保必要的照明以保证安全并减少不必要的照明以节约能源。

为了收集人们对于城市正在运行的项目以及待建项目的看法，使用城市的社交媒体数据进行分析，以便了解市民的观点。此外，在其他领域使用社交媒体进行监测的情况也存在，比如用于该市市政当局和市民沟通情况与英国其他城市和城镇相关沟通情况的对比分析。

技术细节是什么?

印度马恒达科技公司设计了一个分析平台，它在每个镇上都有一个办公室为 MK:Smart（米尔顿凯恩斯：智慧城市）基础设施项目建设提供大量的数据。

马恒达科技分析平台基于 Hadoop 分布式框架，包括 Sqoop、Flume、Spark、Oozie、Mahout 和 Hive 技术在内的其他一些开源技术也被广泛应用。当前使用的实例通常涉及约 600GB～1TB 的数据量，日均查询数量达到成千上万条；然而可能在不久的将来，系统将被升级从而具备处理更大规模数据的能力。

面临的挑战是什么?

由于城市委员会缺乏专业的技术知识和数据分析能力，所以它需要与其他组织建立合作伙伴关系。

上面我们提到的马恒达科技公司就在 MK:Smart 项目发展中扮演着重要角色，所以自 21 世纪以来，该公司就参与了米尔顿凯恩斯智慧城市项目之中来。

马恒达科技公司全球转型副总裁乌彭德拉·达摩德克瑞告诉我："我们一直在印度负责做应急管理工作，那里的人口是英国人口的 10 倍，所以我们思考为什么我们不能在英国将其中的一些技术加以应用呢?

"我们经常和城市委员会举办讨论会，而且相互之间形成了良好的工作伙伴关系。我认为该委员会是英国为数不多的市政组织之一，能够以足够敏捷的思维思考实施大数据应用的智慧理念。"

另一个潜在的问题是当技术真正涉及公众的日常生活时，他们该如何去应对，特别是像无人驾驶汽车这类技术，虽然它在理论上远比人类驾车技术更可靠，但是它在很大程度上还没有经过实际的检验。

杰夫·内尔森告诉我："在引进技术时确实需要特别仔细。当然也有安全方面的考虑，但在米尔顿凯恩斯地区的人们对待新技术引入问题上通常表现得很兴奋，他们甚至会为新技术感到自豪。"

学习的重点和启示是什么?

世界各地的城市人口都在迅速增长，智慧、互联的物联网技术对于城市现在和未来的基础设施建设起着重要的作用，使城市的发展跟上时代的步伐。

物联网和智慧城市科技有望大大提高公共服务的交付效率，并使城市的幸福感更强烈。

虽然在这些领域的投资必须要有具备说服力的成功商业案例，因为资金预算是有限的。尽管"智能"基础设施建设可能会导致短期成本消耗，但是从长远来看，它可以提供长期成本节约效益。

24　帕兰提尔技术公司：利用大数据帮助美国中央情报局收集情报并探测炸弹

背景

帕兰提尔技术公司的命名起源于电影《魔戒》中用于间谍活动的“Magical Stones”，目前公司通过利用大数据来解决安全问题，从而避免犯罪分子欺诈，它也因此为自己赢得了业内名声。美国中央情报局拿出资金资助该公司开发系统，并且美国政府及其安全机构广泛使用他们开发的系统。据报道，帕兰提尔技术公司的年收入约5亿美元，并且这一收入有望再次增加，当时预计2016年1月该公司将在IPO上市，市值达到200亿美元。

大数据有助于解决什么问题？

帕兰提尔技术公司最初致力于开发发现用于欺诈性交易的信用卡的工具，随后它很快意识到，相同的模式分析方法可以捣毁多种形式的犯罪活动，从恐怖主义到国际毒品贸易。现在，他们开发的复杂大数据分析技术可以用来打击犯罪和恐怖主义活动。

如何在实践中使用大数据？

帕兰提尔技术公司构建了集成和管理庞大数据集的平台，这一平台可以为不同领域的客户（包括政府机构、金融和医药行业等），提供数据分析服务支持。

自然，他们大部分的工作需要保密，但是众所周知，他们发现数据中显示可疑或欺诈活动的模式和异常的例行程序是从贝宝公司（PayPal）开发的技术中获得的（彼得·泰尔参与创立了贝宝公司，同时他也是帕兰提尔技术公司的创始人之一）。

他们被认为这些数据揭示了一些事物的发展动向，对于这些数据的分析将有助于发现简易爆炸装置，有助于找出自杀式炸弹袭击者，甚至帮助发现间谍活动。美国政府是帕兰提尔技术公司最大的客户，该公司的软件已成为“数字反恐战争”前沿最有效的武器之一。例如，海军陆战队在阿富汗使用帕兰提尔技术公司开发的工具预测和分析路边炸弹可能袭击和爆炸的位置。

支持美国海军陆战队在阿富汗作战所需的数据往往具有多个分散来源，却没有单独用来访问和分析数据的接口。因此，美国海军陆战队委托帕兰提尔技术公司开发一个可以迅速整合这些资源的系统。海军陆战队的目的是提高整体情报水平、减少寻找信息的时间。因为作战单位常常工作在低带宽甚至是没有网络的地区，所以系统必须能够在不连接基站的条件下工作。帕兰提尔技术公司的转发系统解决了这个问题，因为一旦与基站恢复连接，它就可以自动同步数据。美国海军陆战队的分析师们可以使用帕兰提尔技术公司的数据利用集成、搜索、发现和分析技术进行数据融合，并为在前线作战的海军陆战队队员提供更多的情报。

公司有一个重要的理念就是：为了从数据分析中获取更多的信息，人工干预仍然是必要的，特别是当你需要未雨绸缪、先发制敌的时候。为此，他们为客户数据项目精心挑选了该领域的专家顾问以提供辅助服务。

结果如何?

通过使用帕兰提尔技术公司的系统，美国海军陆战队的分析师们能够探测气象数据和简易爆炸装置袭击之间的相关性，从收集简易爆炸装置生成物的有关数据可以锁定特定个人和网络。如果不是在同一个地方对所有的数据进行同步集成，那么这一切都是不可能的。

帕兰提尔技术公司已经筹集了 15 亿美元的风险投资资金，这也表明他们对于已掌握的技术水平抱有巨大信心。随着公司自己的平台被执法领域和国防部门的认可，它的效力也被其他部门所认可，该公司吸引了许多企业客户，比如好时公司，它在数据共享项目上与帕兰提尔技术公司达成合作。

使用什么样的数据?

美军使用的数据包括大量的结构化和非结构化数据：DNA 数据库、显示运动的监测记录、社交媒体数据、线人举报数据、传感器数据、地理数据、气象数据，以及从简易爆炸装置提取的生成物特征数据。帕兰提尔技术公司取得成功的很大一部分原因在于它可以有效地把这样大规模的数据集合在一起。

技术细节是什么?

帕兰提尔技术公司对于技术细节的保密是可以理解的，这意味着我们无法分享数据存储和分析细节。

面临的挑战是什么?

在大数据的世界里，隐私是一个不能公开的区域，像帕兰提尔这样的公司，它们围绕公众对数据的使用情况收集大量的数据，这也注定会引起公众的担忧。有一段时间，公司卷入“维基解密”丑闻，帕兰提尔技术公司作为三家技术公司之一被指控代表美国银行的利益帮助银行处理预期发布的敏感信息。在公司遭遇丑闻之后，帕兰提尔技术公司对此发表了道歉声明。

在爱德华·斯诺登泄漏美国国家安全局监控个人私密信息后，公众越来越担心政府使用他们的个人数据，尤其是美国和英国民众。因此，帕兰提尔技术公司需要在收集有关手头工作所必要的数据和避免大规模隐私侵犯之间保持微妙的平衡。对于这一问题，创始人亚历克斯·卡普并不回避。几年前在接受《福布斯》杂志采访时，他说：“我不会让政府知道人们何时抽烟或者何时有了外遇等信息。”在一次发言中，他说：“在公司选址方面，我们必须找到可以自我保护的区域，这样我们才可以保持独特性和有趣性，成为我想要成为的那种看起来特立独行的人[1]。”随着公司被报道要参与 IPO 公开募股后，公众对于该公司的关注可能还会像以往一样密切，他们将如何对客户隐私进行管理，我们拭目以待。

帕兰提尔技术公司给我们带来的学习要点之一在于人类与数据的交互和数据本身一样有价值。不管你是打一场贸易战争还是试图吸引新的客户关注你的产品或服务，这一点同样适用。目前存在一个误区，就是我们太盲目信仰数据本身，事实上，我们如何处理数据并且基于这些数据做出决定，才是利用数据产生价值的关键因素。

当将多个数据集集合起来应用时，数据的优势变得尤其明显，在这一方面，帕兰提尔技术公司提供了一个很好的例子。如果只通过一个数据集的数据进行分析，得到的观点可能非常片面；相对而言，只有将具备相关性和交互性的不同类型的数据进行整合，对于得出真正具有价值的结论才更显意义重大。

25 爱本卜网站公司：大数据如何影响酒店行业

背景

爱本卜网站在 2008 年推出，它是一个为游客提供世界各地住宿状况的网站。自推出以来，公司收集了大量的关于人们度假习惯和住宿偏好的数据。

大数据有助于解决什么问题？

爱本卜网站上有关于 3.4 万个城市的 150 万条列单信息，用户达到 5000 万，目前网站面临的最大挑战是如何实现将大量的客人与那些可以提供住宿的场所相联系（无论是一间房还是整个公寓/房屋）。要想成功实现这一目标，它需要理解主人和客人的喜好，以便了解房屋理想区域在可用的关键时期的正确属性和合适的价格。

如何在实践中使用大数据？

爱本卜网站数据科学负责人莱利·纽曼在网上表示："数据集是对于客户行为或发生事件的记录，在大多数情况下，它反映出一个人的决定。如果你能重建事件决定过程中事件发生的顺序，那么你可以从中了解一些信息。客户的反馈信息可能是有关社区发展决策和产品开发的宝库，我们应该将客户的'声音'转化为一种更适合帮助决策的语言。"

通过这些反馈信息爱本卜网站可以确保他们能够集中精力在受欢迎的旅游景点登记高峰时期住宿情况并调整定价结构，以便优化他们的全球网络使用性能。例如，用于确定恰当的房间或公寓价格的数据由许多变量组成，比如位置、时间、住宿类型等。爱本卜网站使用一种算法帮助公寓房主决定他们所提供房屋的合适价格。这些公寓是房主提供的民宅而不是通常可以评星级的酒店，它的住宿条件在一定的范围内是可以调节的，所以价格的评定就特别具有挑战性。毕竟，城市高级酒店（有 Wi-Fi 和良好的交通等）有时可能不如古雅的小屋舒适，在其如果客人更喜欢浪漫的装饰而不是 Wi-Fi 和便捷交通。

为了帮助房主设置价格，爱本卜网站发布了一个称为 Aerosolve 的机器学习平台。这个平台可以分析房主提供的图像照片（提供舒适的卧室照片清单要比提供那些时尚的客厅更能成功吸引游客），并自动将城市划分为微小的街坊。同时，这个平台模拟酒店和航空公司的定价模型，包含动态的定价技巧。简而言之，Aerosolve 算法反映了爱本卜网站如何获得他们顾客的意愿以及这些意愿如何影响房屋出租的价格。例如，如果该房屋的租赁信息上有很多评论，那么人们愿意花更多的钱租赁。所有这些数据被合并到一个分析表中，帮助房主确定他们房屋住宿的最佳价格。

爱本卜网站也公布了 Airpal 平台：它是一个为所有员工设计的用户友好数据分析平台，所以除了那些受过数据科学训练的员工外，其他人也可以访问所有的公司信息，并利用工具进行信息查询。

结果如何？

正如纽曼所说："'测量一个数据科学团队的影响力'极其困难，但是现在释放出一种信号，那就是无论技术人员还是相关的非技术人员都倾向于借助相关的数据做出决定。"这一理念在 Airpal 系统中也得到了体现；Airpal 系统于 2014 年推出，截至目前，超过三分之一的爱本卜网站的员工已经使用过它进行数据查询。这一引人瞩目的统计数据表明了中央数据是如何帮助爱本卜网站做出决策的。

爱本卜网站的成功发展也从另一角度说明了他们明智地使用数据的做法正在得到回报。

使用什么样的数据？

爱本卜网站主要使用内部数据，包括结构化数据和非结构化数据，这些数据来自房主的图像数据、位置数据、住宿功能（房间/床的数量，有无 Wi-Fi 和热水浴缸等）、客户反馈和评分等。同时，爱本卜网站也对一些外部数据进行分析，例如在爱丁堡流行的"爱丁堡艺术节"期间，相同条件下，同一房屋的住宿价格明显高于其他月份。

技术细节是什么？

在分布式文件系统 HDFS 集群中，爱本卜网站拥有约 1.5 PB 的数据作为 Hive 管理表格，它们托管在亚马逊网站上的弹性计算云网络服务中。在数据查询方面，过去爱本卜网站使用亚马逊 Redshift 数据库，但是现在它转向 Facebook Presto 数据库。因为 Presto 是开源数据库，这能够让爱本卜网站在早期就可以处理调试问题，并分享它在后期的补丁情况，而这些 Redshift 做不到。

展望未来，爱本卜网站希望可以实时处理和批量处理事务，这将提高异常支付的检测能力，并增加匹配和个性化的成熟度。

面临的挑战是什么？

爱本卜网站数据科学团队在保持公司业绩显著增长上面临着较大的挑战。在 2011 年早期，这个团队由 3 个数据科学家组成，因为那时公司的规模还比较小，所以这 3 个人几乎可以满足和实现每个员工的数据需求。当时预计到 2016 年年底，爱本卜网站将有 10 个国际办公室，团队员工数量将大规模扩张，这意味着数据团队不能再满足公司每个员工的数据需求。

正如纽曼指出的那样："我们需要找到一种民主化的工作方式，从单个交互开始扩大到团队、公司，甚至是我们的社区。"通过更快的投资和更可靠的技术，我们可以应对增长的数据数量。在整合收讯平台工具和 Airpal 查询工具的帮助下，他们还将转向基本的数据探索，并在公司范围内对从数据工程师到整个团队进行查询；这使爱本卜网站团队人员和数据工程师从繁忙的特殊请求中解放出来，这样他们可以把精力专注于更有效的工作。他们可以教育团队如何使用这些工具，而且这些工具成为帮助他们从数据中获得见解的关键。

学习的重点和启示是什么？

通过不断扩大的大数据需求，爱本卜网站公司业绩得到了快速增长，它是公司迅速发展的一个很好的实例。随着公司的成长，转变能力和适应能力将成为公司成功的关键。这突出了大数据的非静态性质，随着时间的推移，我们的数据策略可能需要随之改变以便应对新要求。

值得高兴的是，我们见证了数据分析团队的成长。这不仅保证了数据工程师们很好地理解公司的业务目标，同时还强调了公司员工基于数据做出决策的重要性。毕竟，如果没有人将这些数据落实到行动上，即使拥有再多的数据也没有什么意义。

26　美国 Sprint 公司：利用移动网络数据进行分类分析

背景

Sprint 公司是美国四大电信移动服务商之一，它的用户超过 5700 万。众多用户使公司能够获得大量的客户数据，目前用户在日常生活中越来越依赖于他们的移动设备。

2012 年，Sprint 公司建立了子公司 Pinsight 媒体公司，目的是获取这些数据源并使用它们对目标移动广告平台用户进行分类。

大数据有助于解决什么问题？

很多人认为广告会给他们带来烦恼，有时广告的推送甚至被看成一种侵犯行为。一般来说，广告商很少知道谁会阅读他们的信息，因此无论他们出售什么类型的商品，都需要花很多钱向人们介绍商品消息，而有些人可能对商品不感兴趣或者根本就买不起这些商品。当这样的情况发生时（很明显这种情况经常发生在我们的日常生活中，我们大多数人都可能经历过），广告商用于推广产品的广告就会变得无关紧要，在不相关的人群中投入的精力和费用就完全浪费了。

正如出现在直销行业和向数字时代发展的情况那样，有针对性的广告就是问题的解决方案。它试图尽可能通过考虑观念行为和位置等数据对客户进行详细分类。但是现在存在一个问题，对观众分类的许多方法在很大程度上依赖于他们的注册报告数据。由于可以匿名注册，人们可以很容易上传社交媒体资料并提供一些虚假信息，所以网络上产生的用户的大部分数据可能与他们的真实情况没有一点关系。

如何在实践中使用大数据？

Pinsight 媒体公司使用网络上已验证的第一方数据建立更精确和更可靠的消费

者行为模型，允许公司向广告商提供更准确的目标受众分析。对于受众来说，这意味着呈现在他们面前的无聊的或不相关的广告会越来越少，从而有更高的机率发现他们需要购买的东西。

这类似于常见的目标广告服务，尽管 Facebook 和谷歌有很多相似的地方，但是它们之间还有一些差别，两者主要的区别围绕网络载体数据。

Pinsight 媒体公司首席技术和数据官詹森·戴克告诉我："移动运营商一般都专注于自己的核心业务，即部署强大的网络基础设施和功能丰富的设备。他们一般不关注如何利用已有的数据帮他们赚钱。但是他们关注一些非常重要的指标，比如网络性能、生产状况和客户服务状况。但是，整个过程中也有许多他们并没有真正从事过的其他业务……移动服务、社交网络甚至是与移动运营商合作的设备制造商，共同创造围绕'目标'广告的稳态系统，可能产生数亿美元的利润，他们使用数据所做的一切在本质上比不上拥有访问权限的移动运营商所带来的效益。"

Pinsight 媒体公司已经开发出用于创建有针对性广告资料的工具，该工具被称为数据管理平台（DMP），它使用只有 Sprint 公司可以访问的专门数据。Pinsight 媒体公司将平台与外部付费和免费提供的数据集结合，以便广告商可以进一步细化目标活动的准确性。

除此之外，Pinsight 媒体公司还开发自己的应用程序，比如天气应用程序、体育应用程序，以及分享社会媒体和讨论服务的 Reddit 浏览器。这些程序可以让公司收集更多的信息并绑定到一个基于"真实身份"用户的广告 ID，因为这种认证需要通过 Sprint 公司的用户数据。

结果如何？

自 3 年前推出 Pinsight 媒体子公司以来，Sprint 公司在移动广告市场服务中从无到有发展起来，目前他们每月有超过 60 亿的广告收视次数，使他们在移动广告网络游戏中成为一个主要玩家。

使用什么样的数据？

Pinsight 服务主要使用 3 类数据进行运营，它们分别是用户的位置信息、行为信息和统计信息。对于位置信息数据，杰森解释说："位置信息数据更新迅速，用途广泛，这些数据是通过我们公司分散在全国各地的 5500 多万个移动设备反馈回来的。位置数据获取的原理如下，当用户利用无线电塔进行通话交流时，我们就可以获取无线电塔横向和纵向坐标，以及其他 43 个不同区域内无线电塔的信息，在此基础上，利用这些数据信息判断在特定时间内用户通话所用的某个移动设备位置。当然，如果一个用户在一天内一直使用移动设备执行多个操作，那么无论他使用短信、电话、软件还是电子邮件，他每天都能产生成千上万条事件记录。这样以来，我们就有很多可以利用的位置数据。”

对于行为信息，首先认证的行为数据是基于对捕捉到的数据包各层数据进行分析，通过筛选获取有用的数据，应用于分析网络流量。最初，这些数据主要用来评估和改善网络性能。尽管这些数据包的内容通常是按照 HTTPS 服务进行加密的，但是仍然可以追踪产生这些数据的平台。“我们对发布者一方的细节非常感兴趣，我们想知道他们正在使用的实际服务是什么？”杰森说，“这些用户使用该服务的时间阶段是什么？这就意味着我们可以通过这些数据信息，逐步分析和认识某个用户，有时也许就是某个用户信息特定的某个部分。比如，如果对用户行为数据进行分析，我们发现他在使用移动设备过程中，大约把 20%的时间花在《部落冲突》这款游戏上，那么基于此我们就可以大致判断他极有可能是个游戏玩家。”

统计信息目前常受诟病。因为用户发现，当他们使用一些计费服务时，他们的账户信息有时会面临泄露，比如 Experian 这样的信息公司可能会在平台上买入他们的一些数据信息。

技术细节是什么？

Pinsight 平台每天需要接受约 60 TB 的新客户数据。数据分两个系统进行存储，个人身份专有信息保存在平台自己的安全 Hadoop 平台内部系统，而应用程序数据和产品平台运行在亚马逊网络的云端服务器上。

团队使用用于数字运算的 Datameer 分析平台，它采用美国首席数据科学家 D·J·帕蒂尔提出的“数据管理”理念，从每个部门内部选择数据管家并由他们负责确保尽可能执行分析要求。数据管家都经过 Datameer 工具的训练。亚马逊网络服务 Lambda 基础设施可以让数据管家提取和操作大型的实时数据流。

面临的挑战是什么？

当然，移动数据由于可以揭示我们私人生活的细节而显得尤为敏感和隐私。为了适应这种状况，Sprint 公司提供用户勾选的服务，客户信息必须在得到客户特别允许后才能被使用，并以此为基础有针对性地向客户提供广告。

杰森说：“在美国四大无线电通信运营商中，Sprint 公司是唯一一家默认用户并没有对相关权限进行勾选的商家。然而我们试图说服客户去做一些勾选授权，而且让客户做到这点并不难，因为我们会告诉用户如果允许我们使用相关数据，可以使我们为其提供更加有针对性的信息，因此广告也就变得不再那么讨人厌、惹人烦而更多地成为一种服务行为……顾客非常明智地意识到，这些类型的服务能够帮助其进行合理消费并且降低其使用移动运营商套餐业务的成本。”

学习的重点和启示是什么？

移动运营商可以接触到丰富并独具特色的可核查数据，重要的是，这些数据可以用来产生更相关的广告。

大部分这类数据都是高度保密的，所以在未经客户明确许可时不应该使用它们。然而坊间证据似乎表明，如果服务商提供更具针对性和不带强制性的相关广告，那么越来越多的人乐于把这种访问许可授权给服务商。

对于那些投入资源利用客户数据的公司，客户数据可以提供非常有价值的额外收入。这可以用来降低核心业务成本，并将附加价值传递给客户。

27 迪基家烧烤店：利用大数据提升商业洞察力

背景

烧烤和大数据看上去是毫无关系的，但是美国的一家连锁餐厅——迪基家烧烤店却把两者结合在一起并取得了巨大的成功。该公司经营了 514 家连锁餐厅，并已经开发出一种被称为“Smoke Stack（烟囱）”的专属大数据系统。

大数据有助于解决什么问题？

“Smoke Stack”系统背后的想法是让迪基家烧烤店有更好的商业洞察力并提高销售额。它的目的在于全方面指导或改善迪基家烧烤店各方面的业务，包括运营、市场营销、培训、品牌发展和菜单开发。

迪基家烧烤店获得来自多种数据源的数据，这样做的目的在于把数据集合在一起用于保持企业的竞争优势。企业首席信息官劳拉·雷·迪基是特拉维斯·迪基的孙媳妇，她在 1941 年于德克萨斯州创立了迪基家烧烤店连锁餐厅，劳拉解释道：“用户终端最大的好处在于我们可以从所有源数据中结合许多不同的数据集——无论是在商店里使用销售系统直接获取销售产品信息，还是其他截然不同的来源，比如客户反馈机制，我们从中获取人们给我们的在线反馈或者通过不同形式的调查记录获取信息。”

“Smoke Stack”系统用来解决的另一个问题就是数据中存在的“信息腐朽”，也就是说之前有太多的数据不能以有意义的、可操作的方法进行分析，从而阻碍我们得出应有的分析结论。

如何在实践中使用大数据？

“Smoke Stack”系统使用复杂技术压缩来自 POS 系统、市场促销、会员忠诚计划、客户调查和库存系统的数据，提供接近实时的销售反馈和其他关键的绩效指标。

为了能够直接做出决策，所有的数据每隔 20 分钟被检查一次，即使在计划和执行更高层次战略的公司总部，每日的早晨简会期间数据处理也从不间断。正如迪基所说："我们从战略角度审视我们想要达到的目标。我们希望在某个地区、某个分店的销售可以达到一个合理的销售基线，如果我们还没有实现我们想要达到的目标，该系统获取的数据就会驱使我们部署相应的培训或其他行动，以便让我们与未达到目标的分店直接取得联系并对相关情况做出相应的反应。"

除了战略价值之外，这一接近实时的数据特质意味着可以根据供给和需求的实时状况对销售进行远程"动态"操纵。"打个比方，如果我们在某个午餐时间段看到分店销售额低于预期的情况，并且我们还了解到有一定数量的排骨库存，那么我们可以在当地发出特价商品广告，邀请当地顾客低价品尝独特的肋骨烧烤——以便平衡库存并拉动销售量使之达到预期。"

大数据也被应用到菜单中选择放置哪些菜品的过程中。菜单上可能列入的所有候选菜品可以 5 个指标进行评估：销售情况，准备简易程度，盈利能力，质量水平和品牌。如果候选菜品满足以上 5 个特定指标，那么它们就会成为特定餐馆菜单上的主打菜品被印在固定菜单上。

该方案通过 175 名用户的成功试运行后，公司在整个连锁餐厅全面推出了该项目。由于试运行的反馈有好有坏（最初推出的只是运用于"开胃菜系列"），但是普遍的共识在于，一旦人们尝试了"Smoke Stack"系统，他们便想获取更多的服务，或者他们想要对同样的一些事情做出个性化的轻微调整。由于前期项目的成功，迪基现在推进第二阶段的项目开发："Smoke Ring （烟圈）"微观营销项目。

结果如何？

餐饮行业之间竞争激烈，对于一个想要保持领先地位的公司来说，速度是发展的关键。"如果一个地区或某个分店的关键业绩指标在上下浮动，无论是劳动力成本还是商品成本浮动，我们都可以通过部署资源来将其拉回正轨。我们每隔 12～24 小时就会对这些数据进行分析，而不是等到每个业务周结束之时再对其进行分析，因为分析老旧数据毫无意义。迪基说："以老旧的方式做生意想要保持盈利是不可能的。" 多亏有大数据，迪基可以更好地把控各分店的实时情况并能够根据这些信息快速做出决策。对他们来说，大数据分析解读可以转化为收入的增长。

使用什么样的数据？

Smoke Stack 主要利用内部数据。数据既包括混合的结构化数据（如 POS 系统和库存系统数据，以及客户忠诚计划数据）又包括非结构化数据（如从客户调查和市场促销活动中得到的数据）。

技术细节是什么？

迪基 Smoke Stack 系统项目团队有 11 人，包括 2 名专用分析人员，1 名现场报告负责人和 1 名兼职负责协助战略计划的解决方案架构师。此外迪基还有一个团队，他们擅长分析和集成数据。同时该公司也与合作伙伴——大数据和业务智能服务供应商 iOLAP 密切合作，该供应商负责交付操作背后的数据基础设施。迪基表示：“我们的内部团队可能要比传统餐饮业的内部团队稍大，这主要是因为大量的数据是我们的重点，我们需要一个更大的团队。”

Smoke Stack 系统运行在一个商业关系智能平台上，该平台结合 Syncsort 公司的 DMX 数据集成软件，所有数据和应用都托管在亚马逊 Redshift 云端平台。

面临的挑战是什么？

连锁餐厅面临的一个挑战是分店终端的落实情况。“在公司内部职位的设置上，我们进行了完全不同的垂直性整合。”迪基解释道，“公司办公室基于传统办公室，按照现实业务工作进行布置，这种方式一直延伸到一线工作人员，他们直接操作烧烤台并与客户进行直接交互。对我们来说，最大的挑战可能在于是否能够有一个可以整合所有这些不同类型用户的平台。”

解决方案就是通过采用仪表板形式进行展示，使得所有分店终端能够很容易地访问和理解整个数据含义。就像迪基说的那样，“这样的解决方案使得界面看起来简单易懂。它看起来很友好，尤其是对于那些认为自己‘实操’能力比数字化思维能力更好的人们。他们在我们店里工作，因为他们想要成为烧烤大师而不是想要成为数据分析师。”事实上，“Smoke Stack”系统操作起来非常简便，这意味着它将更好地融入日常运营之中，甚至非技术类员工也可以很方便地对其进行操作。在一天结束时，那些易于访问和理解的数据才更容易转化为行动。现在，超过 560 名用户使用“Smoke Stack”系统提供的200多个数据分析报告。

另一个面临的挑战就是，通常情况下，当企业进入大数据阶段，它需要寻找具备必要数据分析能力的人。根据迪基的经验，找到具备必要分析技能的人是一回事，而愿意跳出固有思维模式，善于思考，知道如何在该领域利用这些技能是另一回事。迪基说：“与市场技能需求相比，我们仍然存在一个巨大的技能差距。对我们来说，挑战不仅是发现具备相关技能的人才，也是让他们相信我们的烧烤行业也是真的在认真做大数据。”在这种情况下，通过与外部供应商合作，确实可以帮助公司补充内部人才的短缺。

迪基还说：“一直以来，我们非常荣幸选择了正确的合作伙伴。在我们办公室中，每周至少有20小时用于彼此间的沟通联系，我们一直与他们密切合作，如果我们没有这样的伙伴关系，我们就无法缩短因技能短板而造成的差距，达到今日的成就。”

学习的重点和启示是什么？

这一案例的确突出了与杰出伙伴合作的重要性：一个愿意与你密切合作的工作伙伴可以真正理解你想实现什么。正如迪基所说的：“我们真的很幸运，因为我们找到了一个很好的合作伙伴，它能够整合不同领域的技术，确实满足了我们的需求，我们已经将烧烤和大数据结合起来，这确实是一个令人惊叹的现实。”

这一案例的另一个亮点在整个公司，从会议室到餐厅楼，用户能够方便地访问数据，最重要的是有一个灵活和友好的用户平台。这种灵活性对于用户采用以及为我们提供有价值的见解非常关键。Smoke Stack系统弥合了我们与数据之间的差距，让我们只访问有价值的、可管理的、可操作的数据。

28　凯撒娱乐集团：在业务运营中应用大数据

背景

凯撒娱乐集团产业庞大，在全球范围内都有酒店和博彩业务，这里面就包括一些像拉斯维加斯那样的度假场所。

但在近期，该集团处于艰难期，一方面是因为它旗下的部分业务面临破产，另一方面，集团的账户因为违规行为而受到高达150万美元的罚款。

有消息称，违规行为主要是基于集团对客户的数据使用不当，这也受到一些客户的投诉。凯撒娱乐集团常常向外界夸耀，他们最宝贵的资产便是他们的客户数据库，这些数据资产价值甚至超过集团所有财产之和。因为它的数据库包含世界各地酒店和娱乐场所中多达4500万名客户的数据信息。

尽管凯撒目前处于低潮期，但是它利用大数据技术建立起的商业模式，还是被人们津津乐道。利用大数据分析技术，集团能够较为深入全面地了解顾客，当然这一切只有一个目的，就是鼓励顾客不断地消费。

大数据有助于解决什么问题？

多年来，根据数据来看，美国的博彩业消费额一直在下降。

不过，如果你同时拥有大型酒店和其他娱乐设施，这种情况对你来说并不是一个问题，因为与此同时，酒店行业一直蓬勃发展。在发展中国家，中产阶级人口不断增加，他们渴望国际旅行。

这意味着可以转向别的行业，寻求资金以增加他们的收入。尽管客户可能在博彩游戏上花费较少的钱，但是他们会在饮料、食物和娱乐上花费更多的钱。

但是不同的游客去凯撒度假有不同的需求，所以对每个客户的凯撒度假之旅来说，集团能够全面了解他们的期望，从而为他们提供期望的服务，就显得至关重要。

如何在实践中使用大数据?

1998 年，加里·拉夫曼在担任首席执行官不久，便推出了凯撒总的奖励计划。

2003 年，他对《哈佛商业评论》说："我们使用数据库营销和基于科学决策的分析工具拉开我们与其他运营商之间的差距，这些运营商强调客户直觉激励而不是事实刺激。"

17 年来，凯撒制订计划，建立客户数据，并根据他们的消费模式为他们提供激励措施，比如免费饮料、用餐，免费升级他们的酒店房间，以及在各个场地之间布置豪华通道。

在拉斯维加斯，当客户在提供的娱乐设施和小吃部之间转移时，客户相关的参与行为数据便被记录下来，随后，一个由 200 人组成的强大分析团队对这些数据提供实时分析。

举一个大数据分析的例子。如果基于集团掌握的数据，他们发现某个长远来看对集团能产生重要价值的客户，在某个晚上的比赛中表现不佳。在这种情况下，该客户感到灰心丧气不足为怪，这时为了安抚他的负面情绪，集团会作出具体的行动举措对其进行安慰，这时免费的点心或者一场演出门票就会送出。众所周知，集团还曾做出过更大程度的慷慨安慰回馈活动，毫无疑问，受益者是位从长远来看可为集团带来重要价值的客户。集团给他提供了价值 12500 美元的年度空中旅行津贴，让他参观集团在世界各地的娱乐场所。

在实际运营中，集团制订策略，针对每个客户建立一个自动的目标营销策略，使用数据了解他们是谁，然后通过预测模型评估，找出激励他们花钱的最佳方法。高消费的常客希望集团可以亲自迎接他们的到来，并为他们保留他们喜欢的餐厅，同时向他们提供晚间免费娱乐门票。

2011 年，集团推出面向社会的总奖励计划：集团推出计划，激励玩家将他们的 Facebook 账户链接到他们总回报账户上，并提供更多激励以便劝说客户使用地理定位功能来"签到"社会服务，并把他们在度假村的照片上传到网络上。

在总奖励计划取得明显效果后，拉夫曼表示，他可以应用相同的分析方法，在任何行业的其他业务中得到同样令人印象深刻的成果。

结果如何?

2013 年，凯撒总奖励计划副总裁约书亚·坎特说："经过多年的数据收集和分析，大数据要比游戏许可更重要"。

自创立以来，公司已经从可以跟踪客户在其场所的 58%的花费，发展到可以跟踪客户 85%的花费。

广泛应用大数据分析已经被誉为推动凯撒集团发展的背后力量，根据收入状况来看，集团的业务发展迅猛。

一个关键性发现在于，绝大多数业务收入（80%的收入和近 100%的利润）并非来自富豪度假或者因为拍摄影片需要休息的好莱坞巨星，收入主要来自日常游客，他们每次有平均 100 美元到 500 美元的消费。

使用什么样的数据？

通过客户对总奖励卡片的使用情况，可以监控客人消费习惯数据，总奖励卡片可用于列表上各种旅行安排支出，包括食品、饮料和娱乐。此外，通过安装在每个设备上的闭路电视网络可以收集视频数据。最初安装网络是用来打击欺诈行为的，现在有了其他用途，可以用来监测不同区域内的客户活动水平。这些数据用于确定设施的位置、人们最想买的食物以及饮料，并可以应用预测建模算法推荐最赚钱的地方。

通过移动应用程序，对客户数据进行聚集，这些应用可以使订购客房服务或者登记入住更加方便，同时，允许企业更为密切地监视客人活动并提供激励措施，让他们通过在附近网点消费来取悦自己。

凯撒也与信用卡公司保持合作伙伴关系，此外，这种合作伙伴关系还包括其他酒店公司、航空公司和邮轮运营商，使他们本身能够合并客户数据，对客户需求建立一个更完整的描述。

技术细节是什么？

凯撒大数据系统建立在基于开源软件基础架构 Hadoop 上的 Cloudera 公司的商业分布软件。利用位于弗拉明戈分析总部的 112 台 Linux 服务器，系统每小时能够处理超过三百万条记录。

面临的挑战是什么？

拉夫曼具有麻省理工学院分析博士学位背景，非常罕见的是在 20 世纪 90 年代，他在拉斯维加斯博彩游戏场所率先利用他的技能来确定利率（也称为“持有率”）。

根据不同的利率（5%～7%）设置自动售货机，并基于已有的监控水平采集玩游戏时间平均超过40个小时的客户数据。所以拉夫曼积累了足够多的数据，他发现利率的不同，对于客户是否会选择一台机器的影响很小。

这导致整个产业链决定设置更高利率，这一想法的提出被认为间接为集团带来额外的3亿美元的利润。

学习的重点和启示是什么？

与其他同类企业相比，凯撒娱乐集团还提供食物、饮料和娱乐项目，这使他们可以收集更详细和更广泛的客户信息。

识别企业最忠实客户的生命周期价值，并在此基础上奖励他们，可以促进客户对企业满意度的提升和重复消费。

本书写作之时凯撒娱乐集团正因账户违规行为而遭受诉讼危机，但不管凯撒娱乐集团在走出当前困境后会是一种什么状况，它终会被人们铭记，因为它在娱乐和游戏行业领域内，作为先驱者率先进行了数据分析。

29 Fitbit 公司：在个人健康领域应用大数据

背景

Fitbit 公司总部位于旧金山，它是可穿戴设备市场的领跑者。它的设备可以作为健身追踪器，允许用户跟踪各种健身指标，帮助他们过上更健康和更舒适的生活。在 2014 年，该公司销售了近 1100 万台设备。

大数据有助于解决什么问题？

Fitbit 将它的成功归于能够帮助人们做出更明智的判断从而选择更健康的生活方式。因此，Fitbit 设备鼓励人们吃好和多运动，帮助他们改善生活习惯。大量数据通过 Fitbit 设备聚集在一起，这样不仅有助于让个人变得更加健康，也给医疗保健专业人士甚至保险公司提供了数据参考。

如何在实践中使用大数据？

Fitbit 跟踪记录用户的运动、热量摄入和睡眠情况。用户可以实时访问他们的生活习惯信息，而且数据可以从设备同步（通过无线和自动方式）到用户的智能手机或电脑上。设备的仪表盘能够允许用户查看他们的健身进展（通过有帮助的图表和图形）帮助他们保持动力。

Aria 是 Fitbit Wi-Fi 智能量表，它可以跟踪用户的体重、身体质量指数、精益质量和体脂百分比。它能够识别 8 个单独账户（所以全家人都可以使用它），并将每个账户的资料分别进行私密保存。数据可以通过无线网络同步到用户家里，也可以通过 Fitbit 可穿戴设备实现同步。另外，在线仪表板可以帮助用户设定目标，并跟踪他们的进展。

显然，这类健康数据非常丰富和有价值，甚至超出了个人用户需求。Fitbit 聚合用户健身习惯和健身统计数据，并与战略合作伙伴分享。在用户许可下，私人和个人数据也可以共享。例如，微软家庭健康保障卫士服务，允许用户上传追踪的健康数据，并将这些数据分享给医生，相比于问询和检查的方法，这样的方式可以更全面地反映病人整体的健康和习惯，让医生能够更充分地了解病情。这种方法也更进一步影响了保险公司，在它们最近的声明中，约翰·汉考克为穿戴 Fitbit 设备的投保人提供保单折扣，前提是投保人可以分享他们的 Fitbit 数据。这表明越来越多的个人愿意“出售”他们的私人数据，换取一个改进产品/服务或经济奖励的机会。

Fitbit 现在还出售自己的追踪器并向用户出售特殊的跟踪软件，比如 BP America，这样他们就可以跟踪员工的健康和活动水平（在他们许可的前提下）。在接受《福布斯》采访时，Fitbit 首席执行官詹姆·斯帕克说：“卖给用户 Fitbit 设备正成为公司业务中增长最快的部分之一，所以我们可以看到员工的日常健身情况越来越多地被关注。”

结果如何？

自 2007 年公司成立以来，Fitbit 主导了健身穿戴市场，截至 2015 年 3 月，公司一共售出了近 2100 万台设备。公司的成长令人印象深刻，仅在 2014 年一年，他们就卖出了 1100 万台设备，相比之下，2013 年销售量只有 450 万台。显然，Fitbit 使用者对设备的分析监控服务比较满意。Fitbit 平台上的注册用户数量达到 1900 万（他们均来自使用所售出 2100 万台设备的人群），这表明 Fitbit 代表了最新的健身时尚：这是一个真正有用的工具，它帮助数以百万计的人们更好地获取与健康有关的数据信息并保持健康。公司将业务扩展到用人单位市场表明，Fitbit 比用户个人都清楚了解与健康有关数据的力量，而且公司在雇主市场的份额很可能将继续以惊人的速度增长。

使用什么样的数据？

Fitbit 设备从用户那里收集一系列的结构化数据，包括走了多少步、爬了多少楼层、走/跑的距离、卡路里摄入量、卡路里燃烧量、每天运动的时间、睡眠模式、体重和体重指数。

技术细节是什么？

Fitbit 不公开分享他们大数据基础设施的细节，但他们的工作页面中可以看出他们可能使用 SQL 数据库技术、Hadoop 分布式系统基础架构以及 Python 和 Java 语言。

面临的挑战是什么？

在健康数据领域，鼓励医务人员研究病人自己生成的数据是一项挑战。但是随着人们的注意力逐渐转移到预防疾病而不是等到疾病出现时再治疗，现有的模式可能会改变。

当然，没有什么数据比我们个人医疗数据更隐私，所以严格保密和安全保障措施必须到位。尽管如此，据说网络小偷经常瞄准医疗记录，因为偷窃健康数据能比偷窃信用卡信息赚更多钱。2015 年 2 月发生了有史以来最大的医疗数据盗窃案，黑客从美国第二大健康保险公司 Anthem 公司偷走了 8000 万例医疗相关记录。幸运的是他们只拿走了身份信息，比如姓名和地址，而疾病和治疗细节却没有泄露。然而还有一个担心，当安全漏洞积累到一定规模时，病人的记录就会丢失。

最后，Fitbit 在未来还面临着另一个挑战，这个挑战就是来自苹果公司和其他公司进入这一市场而带来的激烈竞争。尽管 Fitbit 处于强势地位，但是它还需要继续发展，如果他们想保持领先优势，那么他们必须寻找新的市场。

学习的重点和启示是什么？

这个案例突显出物联网革命有力地触及我们生活的各个方面，包括我们的健康。尽管有些人可能对保险公司或雇主监控他们的活动而感到恐惧，但是它鼓励只有当公司向员工提供明显的益处时才可以换取这些数据。我们常常在没有真正考虑数据意义的情况下，就轻易放弃了我们的个人数据（例如，为了注册一个免费 Web 邮件服务，或下载一个应用程序而填写个人信息）。任何捕获或访问个人数据的公司都应该很清楚它们正在访问什么数据，以及它们打算如何使用这些数据。当然，为了维护公平，要对所访问的数据提供者提供一些回报，如降低保险费，让他们能够轻松地跟踪自己的减肥计划，或者使用像 Fitbit 服务这样的马拉松训练。毕竟，大多类似的情况都围绕大数据，这些情况是透明的，将有助于提高客户的满意度和忠诚度。

30 拉尔夫劳伦公司：在时尚品牌行业中应用大数据

背景

在我们的日常生活中，越来越多的事物靠数字进行联系，这一趋势影响了很多领域，当然时尚行业也不例外。可穿戴技术通常简称为“佩戴物”，随着物联网的飞速发展，“佩戴物”有望变得越来越流行，预计这一过程将加速苹果公司推出最新的苹果手表。至于知名的高端消费品牌时尚界，拉尔夫劳伦公司渴望占据这个新兴市场，在 2014 年的美国网球公开赛中，它公布了与之相关的 Polo 科技衬衫。2015 年 8 月，这款衬衫开始向公众出售。

有助于解决什么问题?

通过出售 Polo 科技衬衫，拉尔夫劳伦公司正在致力于改善用户的健康状况和生活质量，不管他是业余爱好运动的客户还是职业运动员。

如何在实践中使用大数据?

首先将传感器连接到 Polo 科技衬衫内部的银制线程内，这些传感器可以获取佩戴者运动数据、心跳、呼吸频率和热量消耗情况。iTunes 上提供相应的免费应用程序，通过创建定制的有氧运动监控用户数据和运动反应，基于这些数据获取用户力量或灵活训练情况。

你可能对一些事情很好奇比如怎样清洗 Polo 科技衬衫。Polo 科技衬衫确实可以被清洗，但是你必须首先移除一些比信用卡稍大的蓝牙发射机。目前，公司正在研制将设备进行缩小的方法，也许最终的设备就只有一个按钮大小，或者就包含在织物内，清洗时也不用移除。

从严格意义上来讲，尽管 Polo 科技衬衫属于运动服装，但是这一产业领域已经广泛应用智能物联网技术，比如百宝力智能球拍和阿迪达斯运动教练智能球。拉尔夫劳伦公司的计划已超出了传统范围，公司也推出了印有公司品牌图案的领带，所以在不久的将来，也许公司将会设计智能领带并将这些智能领带向时尚杂志和科技博客推出。公司全球营销主管大卫·劳伦拉尔夫（公司创始人的儿子）曾经说过："在接下来的几个月内，将有大量的产品推向市场。我们的品牌代表了一种生活方式，它是时尚界主要的奢侈品牌。我希望既能从董事会会议室内收集生物识别信息，又能从一个婴儿床中收集幼儿信息。我们会不断发现新需求，我们只是刚刚开始。"设想一下这种场景：在每次董事会会议中都会产生大量数据，这些数据并不只包括他们所说的内容，还有说这些内容的人，以及他们说话时的态度和语调。识别与会者生物计量信息可以在公司面临压力时对于如何贯彻战略执行方面为我们提供有用信息。

在广泛的时尚界范围内，大数据在趋势预测上发挥了越来越多的作用，它聚合了社会媒体数据、销售数据、时装表演汇报以及有影响力的刊物上的信息，帮助设计师和零售商选择相应季节的必备品。

结果如何？

尽管 Polo 科技衬衫还处于初期发展阶段，但是很明显，和 Fitbit 品牌一样，其他同类可穿戴设备也会逐渐普及，因为人们对这种产品有着较强烈的偏好。跟踪人们的生物特征数据不仅有助于提高人们自身的身体健康指标，还可以帮助人们避免受伤或者"过度训练"。

使用什么样的数据？

实际上，衬衫本身就是一个大的传感器，它可以实时收集用户运动量和运动方式的数据，以及像心率这样的生物特征数据。

技术细节是什么？

在 Polo 科技衬衫发展上，拉尔夫劳伦公司曾与加拿大 OMsignal 公司合作。将衬衫收集的数据传输到云端并使用算法对这些数据进行分析。然后应用程序可以使用来自数据分析的见解，制订相应的用户锻炼计划。

面临的挑战是什么？

目前，移动发射机可能要比理想尺寸稍微大一些。很明显，这可能会导致一些用户不愿去购买。不过该公司正在努力让移动发射机变得更小和更精致。

学习的重点和启示是什么？

在接受《华尔街日报》采访时，劳伦再次强调 Polo 科技衬衫的研发仅仅是一个开始。他说："拉尔夫劳伦公司正在着手建立一些分支机构，专注于开发公司旗下有关品牌的各种可穿戴科技产品。"从劳伦的话语中，不难推测出在不远的将来，我们会看到越来越多的拉尔夫劳伦公司研发的可穿戴科技产品。

在过去的几年时间里，技术所蕴藏的能够提供各种功能的巨大潜力，已在每个行业的主导者心里达成共识。他们或多或少见证了一些重要的技术，特别是基于大数据的技术。当前，已经没有人愿意置身于大数据和物联网这类热点技术之外。实际上，现在所有企业都开始了数据业务。

各行各业掀起的数据业务热潮，确实是个令人兴奋的发展趋势，这不仅会对相关产业产生较好的推动，也对那些已经工作或希望工作在数据科学领域的人们来说是一个重大利好消息。数据科学的发展，将会使数据工作的数量和种类大幅增加，毫无悬念，这将为数据工作者们提供更多的就业机会，而不是像以前那样将就业机会锁定在硅谷和科技行业等有限的平台。无论对于时尚界，还是食品、饮料和金融等其他行业，大数据为那些掌握数据技能的人们提供了丰富的就业机会。

31 Zynga 社交游戏公司：在游戏行业应用大数据

背景

大数据在游戏界的应用更广泛。Zynga 公司是《开心农场》游戏背后的公司，它当时收购了一个开发开心农场游戏的团队。Zynga 将自己定位为“社交游戏”制造商，这些游戏通常在社交媒体平台上运行（而不是需要游戏机平台，比如任天堂游戏机、微软游戏机和索尼游戏机），它利用这些社交媒体提供的平台连接其他用户。Zynga 的游戏在创建时也考虑让公司可以利用这些平台收集大数据。在 Zynga 公司用户活跃时期，有多达 200 万名用户玩他们的游戏，在白天的任一时间点，他们的服务器每秒处理 650 个 Zynga 扑克玩家的数据。

大数据有助于解决什么问题？

Zynga 利用数据为玩家提供小说和广告等信息“干扰”。当然，这样做是为了赚钱。

如何在实践中使用大数据？

Zynga 游戏和其他业务的工作原理是一样的，比如广受欢迎的《糖果粉碎传奇》游戏，它采取了一个被称为“免费增值”的商业模式。玩家在玩游戏时并不需要交出现金，但是为了升级技能他们经常需要支付一些费用（微小的交易），这样他们会得到比其他玩家更好的游戏技能或者更好的游戏体验。例如，在开心农场游戏里，游戏模拟运行一个农场，你可以为农场购买额外的牲畜。游戏里面也安排了一系列的其他“伙伴”角色，范围从信用卡公司到电影点播服务公司，它允许玩家通过完成任务获得积分并用这些积分在游戏中消费。

这就把 Zynga 公司和它的第二收入来源——广告联系起来了。当玩家在玩游戏时，他们会定期看到广告，就像看电视或阅读杂志时看到广告一样。他们向营销人员提供从 Facebook 中获取的数据，从而可以寻找到精确的目标群体，有针对性地进行在线营销活动。此外，大数据对于设计游戏也起到了很重要的作用。Zynga 对大数据的明智洞察在于公司意识到提供给用户想要的东西的重要性，为此 Zynga 监控和记录用户玩的游戏，使用获得的数据根据游戏里面各个小程序的使用情况调整游戏设计。例如，动物在早期版本中主要起到背景的作用，当游戏玩家的数据显示动物受到较高程度的欢迎后，动物便成为更重要的一部分。简而言之，Zynga 使用数据理解玩家喜欢 Zynga 提供什么游戏以及不喜欢它提供什么游戏。

与以往任何时候相比，游戏开发者都更加意识到获得大量数据的重要性，可以通过分析玩家游戏操纵杆的每一次变化向公司反馈玩家如何玩游戏以及他们喜欢的游戏内容。一旦发布一款游戏，游戏开发者便可以发现和分析一些游戏反馈，例如，如果玩家在玩游戏时在某种程度上越来越沮丧，那么实时更新游戏并让它略微容易通关就可以改善玩家心情。这种想法可以为玩家提供一个依然有趣而不致厌烦的挑战。游戏开发者的终极目标是让玩家可以尽可能长时间玩游戏，他们可以从长期游戏中获利，要么是因为游戏需要付费，这样他们可以得到应有的费用；要么是通过在免费游戏上发布大量广告，他们可以收取广告费用。

因为 Zynga 向所有的员工提供数据，所以它可以看到所有已证实的流行游戏。因此，即使是开心农场游戏的经理也可以看到扑克游戏的数据，例如，他能够看到有多少人完成了特定的游戏操作。这种透明度有助于形成数据驱动式文化，鼓励整个公司进行数据实验。事实上，Zynga 公司分析主管裕子 · 山崎龙二告诉笔者，在本书撰写之时，他们公司就运行了超过 1000 种生活实验产品，并且不断为玩家测试功能和提供个性化游戏行为。Zynga 公司分析团队也进行“数据活动”，他们利用公司掌握的数据和用例举办了多次分析和数据现场聚会。所有这一切都有助于鼓励创新并加强数据驱动文化。

在游戏行业的其他地方也有很多营利机会，甚至有人认为，微软之所以以 25 亿美元收购《我的天下》游戏搜索是因为微软公司可以将该款游戏所具备的集成数据挖掘功能用在其他产品。《我的天下》是一款非常受欢迎的构建世界游戏，它基于一个巨大的数据库，里面包含构成每一个“世界”所需的成千上万条项目和对象。玩家通过玩这个游戏基本上可以操纵这些数据，并在比赛中创造他们想要的结果。

结果如何?

Zynga 有两个衡量成功的指标：一个是内部系统使用情况，另一个是外部玩家保存情况。首先查看内部指标，Zynga 有 2000 名员工，并且所有人都可以访问公司虚拟化数据工具。每天至少有 1000 名员工使用该工具，这足以证明公司具有强大的基于数据的决策文化。对于外部玩家，日常活跃用户数量在 2000 万到 2500 万之间，相比于公司在 2012 年峰值时的用户数量 7200 万来说，还有很漫长的道路去努力。有许多因素导致用户数量的下降，包括 2012 年 Zynga 结束与 Facebook 的紧密合作关系以及他们一直关注基于浏览器的游戏而忽视了手机游戏。但是在 2014 年，Zynga 收购移动专家 NaturalMotion，也许这是他们改变未来的信号。

"与网络游戏相比，"山崎龙二解释说，"手机游戏本身具备特有的挑战，比如匿名活动、更多种类的游戏和更集中的会话活动。"尤其是在手机游戏中，对话时间的长度可能比用户数量更重要，因为更长的对话时间意味着 Zynga 有更多的机会。因为在移动游戏会话中，玩家们通常关注整个会话时间（而在浏览器会话中，他们可能已经打开一个不活动的选项卡页面）。因此，虽然每日活跃用户数量下降了，但是每个用户都更加专注于手机游戏，这有望为 Zynga 提供更大范围的客户和更高的收入。

使用什么样的数据？

Zynga 捕捉他们游戏中所发生的一切结构化数据，它几乎追踪每一位玩家的数据，每天数据总计有 300 亿～500 亿行。

技术细节是什么？

在本书撰写时，Zynga 正在用 MySQL SSD 数据库取代他们以前的 MemSQL 数据库技术，前者运行在亚马逊网站服务平台。他们的大数据分析数据仓库是全球在亚马逊平台上运行的最大的数据仓库。

在未来发展上，该公司正在探索实时分析和云分析技术。Zynga 也开始向机器学习投资更多的经费。除了上面提到的技术之外，他们现在有一个适用于开发先进机器学习功能的 Hadoop/MapReduce 环境，这个环境专注于预测、发现细微区别、社交图分析和聚类分析。

面临的挑战是什么？

Zynga 营销有时侵入性地出现在我们的社会媒体屏幕上，这一点确实受到了外界批评，客观来讲，该公司近几年收入在下降，一部分原因在于它与 Facebook 结束了紧密合作关系，另一部分原因在于科技世界里，总有新事物出现，它们吸引用户前去体验，Zynga 在这方面有待加强。因此，Zynga 面临的挑战不止是需要从当前的程度发展到更高的水平，尽管提高移动用户数量和发布新游戏为公司发展提供了一些希望。

学习的重点和启示是什么？

Zynga 作为利用大数据从事业务工作的一个很好实例，从一开始发展就创新式地利用数据，这也预示着大数据的到来已经成为游戏行业发生变化的力量。他们基于数据的决策文化是令人钦佩的，这一点值得很多公司去学习，并希望它们可以在未来的挑战中得益。山崎龙二说："社交类游戏将会继续发展，无论从玩家玩游戏的方式还是游戏设备上的可用特性方面，Zynga 具备极好的基础设施并收集了大量数据，这些数据记录着自公司推出游戏以来数十亿条的安装记录。大数据一直是 Zynga 的秘密竞争武器，让它可以领先其他对手进行启动计划，大数据将是 Zynga 在游戏领域持续发挥领导力的一个关键"。

32　美国欧特克电脑软件公司：大数据对软件行业发展的影响

背景

欧特克软件开发商位于加利福尼亚州，它的核心业务是开发商用的计算机辅助设计（CAD）软件。起初，欧特克公司推出了 AutoCAD 软件，现在（本书写作之时）公司已经可以在软件设计和搭建上，针对单个字段开发商用的专业应用程序，比如用于建筑领域的 Revit 软件、用于制造领域的 Moldflow 模塑仿真分析软件和用于娱乐媒体图形和视觉效果的 Maya 软件。可以说，欧特克公司在这些领域推出的产品已经成为“行业标准”。

与许多其他大型软件生产商一样，欧特克基于软件即服务（SaaS）模型向他们的客户提供产品，从而取得了飞跃式发展。这意味着与以往相比，在了解客户如何使用公司产品方面，公司可以获得更多、更丰富的数据。

大数据有助于解决什么问题？

在有 SaaS 模型之前，软件开发公司对于用户如何使用软件方面，获得的数据相对较少。通常，软件公司只有较为有限的渠道用于收集用户反馈的信息，要么是依靠电话调查访问用户，要么是借助于放在软件包中的调查卡片。软件开发人员自然明白很少有人会使用这些渠道反馈信息。如果产品不出问题，事实确实是如此。就好比如果你对一项业务的服务感到满意，那么你会经常愿意联系提供服务的公司去认可他们的工作吗？

当然，软件运行正常，购买者可以实现他们购买软件的初衷，并不意味着软件本身无可挑剔。软件应用程序必须跟上不断发展的竞争态势，满足用户群体日益增长的需求，而客户反馈为获取用户需求提供了最直接、最有价值的数据来源。

欧特克业务分析项目主管查理·克罗克说过：“在过去，了解我们客户的需求相对来说比较困难。我们会用较长的时间周期去了解用户，也许约每六个月的时间去了解一次，让客户填写一个调查问卷或者邀请他们到一个小组座谈会，甚至是去家中拜访他们。”

“我们在产品里加入了几个工具用于收集错误报告之类的信息，很长一段时间以来，我们就是这样做的，在这方面，我们做得很成功。”

“但是在新时代，我们需要以天甚至小时为基准去了解我们的客户。我们需要了解客户体验中遇到的瓶颈问题。”

如何在实践中使用大数据？

因为产品在云中托管，所以欧特克公司能够密切关注并追踪客户与产品交互的方方面面。这也意味着可以在任何时间对产品进行更新和修复。欧特克软件开发人员可以通过了解在用户如何使用、何时使用和为何使用他们产品方面收集的信息，将工作重心转为深入思考如何提高大部分用户关注且重视的产品性能。与此同时，如果公司通过分析发现软件中存在某些功能使用率低、毫无价值，那么这些功能将被缩减或者删除。

当然，公司最终目标是确保用户能够续订他们所购买的服务。研究表明，用户当前订阅的服务到期之前的最后90天内，用户如何使用服务数据与用户最终做出的决定息息相关，被视为最值得深思的因素。

克罗克说：“了解用户行为以及驱使用户续订服务是一件大事。相比于探索新客户，了解老用户需求、留住老客户更为容易。”

为了获得更多的用户反馈，该公司通过他们的欧特克实验室服务，提前发行他们受欢迎的明星产品。这使得欧特克可以提前了解用户在产品特性和功能方面的兴趣点，以及对即将到来的服务、新插件和现有安装包的扩展的预期，从而获取有价值的信息。

结果如何？

最引人注目的结果是获取用户行为理解的速度惊人，由此可以在短时间内获取更多的信息，为采取行动预留充足的时间。这有助于缩短用户操作中遇到的突出问题和开发者部署解决方案之间的明显差距。克罗克说：“过去需要长达六周的时间，信息才能从用户端反馈到我们的数据端。现在有了这些软件开发工具包的辅助，产品信息反馈在数小时内就可以获取。”

使用什么样的数据?

欧特克围绕600个数据点监控每个用户与SaaS云端平台的互动情况。用户使用服务的时间长度、访问了什么内容以及忽略了什么功能等精确细节，都被记录存储下来用于分析。这些数据里面也包括内部业务数据，比如把事务记录纳入到他们所考虑的整个影响因素综合体中，将客户整体预期生命周期价值考虑进来，而且可以关注服务产品吸引“大金主”的一些特性，并给予特殊关注。

他们还监控内置支持服务渠道功能的使用频率，比如在线客户服务、在线聊天和论坛支持。通过这些渠道访问并获取资源和数据可以显示人们在使用过程中什么地方会遇到问题，并能提供一些问题的解决思路，以便“先发制人”，将问题解决于萌芽之中。

软件服务的修复工作经常需要集中在某个特定领域，决定被修复领域的一个重要因素就是客户通过电话、即时聊天或电子邮件一对一向客服反映的出现频率高于平均水平的使用问题。数据显示欧特克在响应用户反馈的问题方面耗资巨大，主要是由回应用户需求方面的大量时间支出造成的。一方面，这些问题可能涉及程序递送失败、产品激活需要输入注册钥匙等方方面面；另一方面，如果涉及技术服务，对于欧特克来说很明显需要花费更多的时间、金钱来应对，这就需要进一步进行资源分配，让开发团队可以努力修复Bug，解决由此引发的问题。

技术细节是什么?

在欧特克用户与他们的云端服务交互上，欧特克收集了约800 TB的数据，而且现在以每天100G的速度累计增加。公司使用分布式存储网络在亚马逊S3服务器上运行Hadoop平台，并利用亚马逊Elastic Map Reduce功能进行分析。其他所应用的大数据技术和平台包括Datameer工具、Splunk工具、亚马逊Redshift软件、Hive数据仓库工具和谷歌搜索引擎。

面临的挑战是什么?

过去，向一个新用户提供服务的初始成本代价仅限于向他们发送相关的DVD和说明指南。然而这些限制被SaaS模型打破，现在每个用户都会带来持续的成本，包括必要的计算机资源来满足他们的使用需求。这意味着每个用户现在都有一个持续不断的“经营成本”。克罗克说：“每一个用户都会带来成本，我们必须明白这一点，否则通过我们提供服务、赚钱并让股东满意将会非常困难。”

“随着用户数量的增加，我们将继续推动成本意识。我们现在能够系统地了解产品哪些部分用户使用最多以及哪些部分成本效率低下。如果对这些信息没有深远的可见性的分析，产品服务就不能良好地进行，公司就无法有效运转。这些信息里面既有结构化数据又有非结构化数据，虽然看起来显得有些凌乱，但是里面却蕴含着惊人的信息。”

学习的重点和启示是什么？

欧特克把研究重点从抱有“转移并继续开始下一个产品”的心态转变成提供不断的更新以及发展云端在线服务，尽管这一转变带来了技术问题和数据难题，但它也为企业提供了更深入的理解和联系客户的机会。

为了缓解由于为云端客户提供持续的处理带宽和存储所带来的日趋增加的成本，合理利用这一点，是大数据驱动下的 SaaS 模型时代成功的关键。

通过将数据分析纳入客户服务及产品开发之中，这些企业有机会更紧密地将他们的产品与客户需求相匹配。通过消除一些中间商的参与，比如零售商，注定为客户和服务提供者带来更紧密的合作。现实实践中也确实如此，这将意味着在从一个客户想要什么到一个提供者可以提供什么上存在更少的环节，有了更紧密的连接。

33 华特迪士尼乐园及度假区：利用大数据改变家庭假日

背景

迪士尼家庭娱乐公司是世界上最受欢迎的娱乐公司之一，它的主题公园和度假村每年吸引 1.26 亿游客前来游玩。迪士尼推出了魔法腕带，它能够跟踪客人在佛罗里达州奥兰多市华特迪士尼世界进行的每一个动作，包括客人乘坐什么交通工具观光以及他们的午饭点餐情况。

大数据有助于解决什么问题？

魔法腕带数据可以帮助迪士尼了解更多关于客户是谁以及他们需要什么等相关信息，它允许该公司预测客户需求并改善主题公园体验。

如何在实践中使用大数据？

早在 2014 年，迪士尼公司就推出了它的创新项目——魔法腕带：这是一条五颜六色的腕带，它帮助客人个性化地完成他们在整个迪士尼的度假体验。客人可以提前在迪士尼网站“我的迪士尼经验栏”中定制他们的魔法腕带，当他们到达度假村时，魔法腕带可以作为房间钥匙，并提供参观公园和快速通过景点的门票。魔法腕带还可以记录信用卡付款细节，让客人用手腕上的魔法腕带购买食物和商品。孩子们也得到一个魔法腕带，它允许度假村周围的迪士尼人物自动按照年轻游客的名字问候他们。

在撰写本文时，尽管魔法腕带还是自愿领取的需要支付一定的费用，但是它却很受欢迎：自魔法腕带推出以来，就已经发行了 1000 万条。魔法腕带收集了很多数据，迪士尼可以从中挖掘出一些信息。收集的数据说明游客是谁、他们在哪儿度假、他们乘坐什么旅行以及他们购买了什么，这些数据可能给迪士尼带来对顾客前所未有的洞察。数据也可以用来分析乐园周围实时交通情况、受欢迎的游乐设施排队长度以及餐厅的需求等。

对于客人来说，魔法腕带的使用意味着他们可以尽可能提前制订度假计划。孩子们喜爱的卡通人物可以在迪士尼乐园内喊出他们的名字，这也增加了孩子们的魔幻经历。炫酷的附加功能可以进一步增强游客体验，比如照片传递功能，它可以通过腕带将照片链接到特定用户。比如，你在过山车上高飞和尖叫的照片可以自动上传到相应账户上，而同时你无须做任何事情。

此外，奥兰多度假胜地提供免费的 Wi-Fi，它鼓励客人使用智能手机，用来制订和改变他们在景点的旅游线路，从而为迪士尼创造更多的数据分析。

结果如何？

迪士尼所收集的数据都是极其有价值的，很明显可以帮助迪士尼改善商业决策，有助于旅游胜地的平稳运营。重要的是，新闻节目里的一些评论表明，魔法腕带已经成为家庭游乐的一大亮点。随着这一项目强有力的开始，我们有望看到在不远的将来，迪士尼将魔法腕带推广到世界各地其他的度假村。

使用什么样的数据？

魔法腕带跟踪游客在乐园周围的每一个行动。魔法腕带配备有无线电频率技术，既适用于长距离通信（约 40 英尺）又适用于短距离基础认证（比如游客必须“触摸”魔法腕带，就像他们进入客房那样）。

技术细节是什么？

迪士尼大数据平台基于 Hadoop 分布式系统基础架构、Cassandra 数据库系统和 MongoDB 数据库而搭建。

面临的挑战是什么？

魔法腕带项目需要迪士尼进行大量的金融投资。首先迪士尼必须在奥兰多度假胜地安装免费 Wi-Fi 服务，在 40 平方公里的面积内安装 Wi-Fi 服务是一个不小的投资。此外乐园内 6 万名员工必须培训使用 MyMagic +系统，因为该系统支持魔法腕带技术。估计该计划成本需要约 8 亿美元。然而迪士尼显然期望以详细的用户数据信息和客户体验的提升等来回报这一投资。

此外，因为许多个人数据处在紧要位置，而且数据安全总是一个很重要的考虑因素，所以迪士尼非常重视数据安全。2015 年在接受《新 IP 技术》采访时，迪士尼商品商业智能和分析高级经理胡安·戈尔丘说："作为一家公司，我们在如何保护和存储数据以及谁有权访问数据上有很高的标准。和任何一家其他公司一样，我们也有公司的首席信息安全官和一个整体致力于信息安全的组织，这些都是任何一家公司都应该有的标准组织机构而且也应该受到检查，因为这样做不只是为了关注数据是否很重要，还是为了保护网络基础设施。我们会对数据严格保守秘密，以确保不破坏我们和游客之间的这种信任。"

同时公司很谨慎地允许客人尽可能多地控制自己的数据，例如通过询问父母，选择卡通人物是否可以使用孩子的个人信息。

学习的重点和启示是什么？

本案例研究表明，物联网正触及我们生活的方方面面，甚至是我们的度假体验。在不久的将来，世界上许多主题公园、度假村，甚至是大型酒店将使用这种腕带技术收集客户信息以改善客户体验，这种设想也是比较合理的。但是，我认为重点在于以一种积极的方式使用这些数据而不只是为了简单的收集大量数据。迪士尼大数据项目还处于早期发展阶段，我们还没有确切地了解他们将如何使用这些数据，但是，迪士尼重视消费者的信任，并让客户自己控制他们在某些方面的数据，这是一个好迹象。

34 益百利公司：利用大数据做出贷款决策并打击身份欺诈

背景

益百利公司以提供信贷资格认证而闻名于世，银行和金融服务公司在决定是否发放贷款时利用这些信贷资格认证评估风险。

益百利公司还基于它所采集的数据提供一系列其他服务，比如预防欺诈和保护身份盗窃。最近，益百利公司增加了专门的数据分析驱动服务，旨在帮助企业客户在汽车交易、医疗保险和小型商业市场更好地经营。

大数据有助于解决什么问题？

益百利公司在银行和保险公司借钱或者提供首日封时也承担着一定的风险：益百利公司必须确信它的客户可以还款并支付利息，或者承担由于支付索赔涉及的溢价费用。

最重要的是，随着越来越多的网上金融交易的进行，以及越来越多的客户使用网上银行门户管理自己的账户，网络欺诈和身份盗窃这两大问题日益严峻。益百利公司的研究表明，虽然五年前网上诈骗主要是针对高收入群体，但是今天社会各界人士都在成为黑客和骗子的目标。

如何在实践中使用大数据？

益百利公司在它的信用咨询数据库中持有约 30 PB 的世界各地人口的数据，而且这些数据量正以每年 20%的速度增长。

除了持有个人信用记录等详细数据之外，这些数据还包括人口信息，比如年龄、住址和收入状况，益百利利用“社会人口说明”Mosaic 工具将这些信息分成 67 种类型和 15 个组别。这些类型包括“城市位置炫酷”，它记录城市居民在豪华市区拥有的或租用的公寓位置；“专业奖励”针对有经验的专业人士，他们有成功的职业并且生活轻松，他们居住在农村或者城乡结合部；“全球融合”针对大都会城市里面的年轻劳动人民，他们有各种各样的种族背景。

益百利公司向金融公司提供它的服务，利用欺诈预测模型匹配传入的交易，帮助防止交易欺诈，它能够监测交易金额，交易涉及的地理位置和账户的欺诈历史，并提供实时欺诈检测。如果一次交易显示它的概要文件类似之前已知的欺诈性交易，那么它可以标记需要进行手动审查或实时干预。

益百利公司仅在美国就向 10000 家医疗组织提供服务，包括 2900 家医院，帮助医院评估医疗索赔以及获得病人的经济状况洞察分析，帮它们建立可以负担得起的付款计划。

不仅如此，益百利还针对二手车买家，从国家车辆交易数据库提取相关车辆交易数据，从保险公司和政府监管机构获取车辆状况信息，了解车辆是否有过碰撞事故或者结构性破坏及里程表上的里程差异等相关问题。

结果如何？

益百利公司表示通过将数据分析贯穿于它的整个运行操作过程，并将单独的分隔开的数据资源整合起来，将所有的数据集中起来作为一个数据池，能够为客户提供相应的帮助，使更多的人有能力购买房屋、扩大企业规模以及有效地管理他们的财务状况。

使用什么样的数据？

益百利收集借款人的个人数据，让出借人了解一些细节信息，比如借款人是否具备偿还能力，他们的联系地址和地址变更情况，以及借款人的名字变更情况。益百利也从公共记录中收获大量的数据，比如邮寄地址数据库、选举登记处、国家法院登记处、出生和死亡记录（有时欺诈行为是利用一个已经去世的人的名字实施的）以及国家防范欺诈服务，比如英国 CIFAS 系统等。

技术细节是什么？

益百利将容量为 30 PB 的消费者参考数据库放在一个安全的、基于 Linux 的计算集群并围绕 Hadoop 架构搭建的服务器上。MapR Hadoop 用于分布式存储，而且服务器核心也具备分析操作处理能力，这对于处理大容量、高速数据并且提供实时服务是必不可少的。

此外，益百利还使用一些其他技术，包括 Apache Hive 技术和数据可视化工具表，它们可以为分析师提供图形化的反馈。

面临的挑战是什么？

识别和阻止骗子诈骗活动的关键在于为可能的目标人群进行人物信息画像。为了实现这一点，益百利公司将数据同其 Mosaic 社会人口特征分析数据池和英国诈骗数据库进行比对，向人们表明可能发生诈骗的时间和地点，防止人们的血汗钱被骗走。

现在很明显的是，如何远离身份盗窃和各式各样的网上诈骗是我们所要面临的一个问题。这使得银行、保险公司和其他金融机构对其评估欺诈防范措施的基本方法进行重新审视。相较于优先关注高额商业交易，现在大部分的分析和审查放在常规的、较小金额的日常交易上，这些交易可能会在之前的监管网络中被忽略。

学习的重点和启示是什么？

虽然人们对于信贷机构扮演的角色有很多误解——例如，许多人认为信贷机构没有把他们觉得达不到信贷资格的人列入“黑名单”。

现在有更多的数据可以用来帮助人们正确计算保险风险，在理论上可以为我们更好地减少坏账情况，让我们损失更少的钱。因为对我们所有人来说，错误地计算保险风险将会不可避免地导致更高的溢价和更贵的信用代价。

网络犯罪已经不再只是高收入群体所面临的问题。通常骗子和诈骗犯会攻克安全系统，针对安全检测进行大规模盗窃，对于尝试进行多个小规模的诈骗犯罪行为来说，这是一种低风险的路径。安全提供者正在适应这种情况，将安全防御重点转移到监控规模较大的交易中。

35 伦敦运输公司：应用大数据改善和管理伦敦公共交通

背景

伦敦运输公司监督由公共汽车、火车、出租车、自行车和循环路径等组成的交通网络，监督范围甚至包括每天数百万人使用的渡轮。由于在世界上最繁忙的城市里聚集和生活着很多的人，所以伦敦运输公司在运行这些庞大的交通网络的同时也可以获取大量的数据，该公司现在在很大程度上使用大数据分析。

大数据有助于解决什么问题？

正如伦敦运输公司分析主管劳伦·萨格尔·温斯坦所指出的那样：“伦敦的人口正以惊人的速度增长。目前伦敦人口是860万，并且预计将很快增长到1000万。我们必须了解‘客户’的行为以及如何管理他们的交通运输需求。”鉴于此，伦敦运输公司优先通过两方面来收集和分析数据：为乘客规划交通服务和给乘客提供交通状况信息。萨格尔·温斯坦解释说：“乘客想要从我们这里得到物有所值的良好服务，他们想看到我们取得的创新和进步以满足他们的需求。”

如何在实践中使用大数据？

伦敦运输公司主要在三个方面使用大数据分析：客户旅程分析，意外事件管理和提供个性化旅游信息。接下来介绍每个方面的具体内容。

在2003年，伦敦运输公司引入Oyster智能卡票务系统，它收集关于精确旅程的大量数据。乘客对智能卡进行充值或者购买季票，然后在乘坐公共汽车或火车时对准接触点刷卡即可上车。2014年，伦敦运输公司成为第一个为旅客提供非接触式支付卡的公共交通服务商，现在客户不用提前准备Oyster智能卡，取而代之的是，客户可以简单地使用非接触式支付卡来乘坐交通工具。Oyster 智能卡和非接触式票务系统每天产生约 1900 万条数据，这些都可用于数据分析，帮助公司了解人们何时和何地乘坐交通工具。这些数据使得伦敦运输公司可以更为精确地掌握乘客的总体情况，它们在个人旅程分析方面比以前更为精细。大部分的伦敦旅程涉及多种运输方法（比如地面旅程和地下之旅），在过去，这种旅程票是根据不同的交通方式分别购买的，所以在过去进行这种级别的分析是不可能的，而且那些旅程票都是单程的纸质票。

大数据分析也有助于伦敦运输公司回应中断干扰的发生。当一些意外事件发生时，例如，如果伦敦运输公司的服务受到信号故障的影响，那么该公司可以测算有多少人的行程会被推迟，这样客户可以申请退款。当破坏所造成的影响尤为严重时，伦敦运输公司可以自动给客户退款。使用非接触式支付卡旅行的客户旅程将会自动记入账户。对于使用 Oyster 智能卡的顾客，伦敦运输公司可以预测客户下一站的旅程将是哪里，所以当在客户智能卡里加载他们的下次旅程时，在他们所等待的车站就会进行自动退款。当有长期中断计划时，伦敦运输公司使用历史模式对客户可能会去的地方进行判断，并且计划可替代的服务以满足这种需求。伦敦运输公司也可以让客户知道通过个性化的更新他们将受到何种影响。

这种个性化使用旅游信息的方法是公司发展的另一个关键。旅游数据还可以用于识别定期使用特定路线的客户，并向他们发送定制的旅行更新信息。"如果我们知道客户经常使用一个特定的站点，我们可以将那个站点的信息服务变化记录在客户信息中。我们知道，当人们一下子收到很多电子邮件时会让他们感觉很苦恼。所以我们致力于将特定的相关信息发送给我们的客户。"塞奇·温斯坦说。

结果如何？

伦敦运输公司比以往任何时候都清晰地认识到人们是如何在伦敦的交通系统中穿梭的，并且精确到人们的每段旅程。这使伦敦运输公司能够了解乘客的概要信息、计划换乘站点、缩短步行时间需求以及所需的其他服务，比如，伦敦运输公司在站点提供了零售服务。

简而言之，数据可以帮助伦敦运输公司将更好的服务提供给客户。萨格尔·温斯坦举了一个例子，因为紧急维修，旺兹沃思委员会被迫关闭帕特尼桥，而在关闭前一周多的时间内，桥上进行了 11 万次的公共汽车行程。"我们不难得出一个结论，近半数的公共汽车线路都在帕特尼桥地区开始或结束。因为大桥仍对行人和自行车开放，所以我们需要知道哪些人能够穿越大桥，他们要么到达目的地，要么继续他们的行程。此外，他们可能住在当地，也可能目的地是当地。对于一部分人来说，穿过大桥只是他们行程的一部分。为了满足他们的需求，我们能够规划一个替代路线并增加巴士服务。我们也向所有穿梭在这一区域的人们发送了个性化信息，告知他们相关旅行可能会受到何种影响。”

现已证明，个性化旅游电子邮件特别有用，83%的乘客将该邮件评级为“有用的”或“非常有用”的服务。当你考虑到抱怨公共交通被认为是许多英国人的爱好时，能得到这种评级已经相当不错了！

使用什么样的数据？

公司使用一系列途径收集数据，比如票务系统、连接到车辆和交通信号上的传感器以及调查和焦点小组，当然还有社会媒体。“我们使用后台系统的信息处理非接触式支付、交通信号数据收集、自行车出租和拥堵收费等。”萨格尔·温斯坦说道。他们还考虑到有关特殊事件对交通系统的影响，比如橄榄球世界杯比赛和骑自行车比赛等，例如环法自行车比赛，当运动员路过伦敦时，公司可以识别并通知人们可能会受到的交通影响。

技术细节是什么？

伦敦运输公司系统是运行传统交通事务的平台，同时它也运行采用了最新技术的数据收集系统。自 1829 年经营公共交通系统以来，公司发现采用遗留系统集成最新技术的数据收集策略并不能提高整体的收益水平。因此，伦敦运输公司不得不仔细计划该如何整合数据资源。相关的技术项目总会有一定的风险，因为在构建新系统并覆盖原始系统的过程中项目往往容易陷入进退两难的境地，从而变得难以推进。所以伦敦运输公司采取了非常实用的方法构建它的客户数据库。

在建立新的系统软件和工具之前，伦敦运输公司对大数据方法所带来的商业利益进行了测试。伦敦运输公司开始将 SQL 事务数据分析交易系统用于征税的小型报告领域。因为大数据带来了如此有用的分析，所以公司的其余部门也逐渐更多地使用大数据分析。随后，伦敦运输公司决定投资一个并行的数据库工具，并引进最先进的开源解析服务。分析平台可以向伦敦运输公司有效地提供 150 PB 的空间，用于存储业务分析报告以及通过敏捷软件开发过程的“概念验证”测试。当评估这些“概念验证”时，如果它们能够提供商业利益，则将被作为工业化的核心运营对象以便支持数据库。未来发展计划包括增加实时分析能力，整合一个更广泛的数据源，并告知客户更好的计划服务。

面临的挑战是什么？

在伦敦地铁上，乘客需要刷卡检票和刷卡出站，在旅程开始和结束时均对他们手中的票进行验证（通过自动障碍）。这是因为票价的多少基于路程的长短。然而，因为公共汽车票价都是一样的，所以乘客只需要刷卡上车就行。因为公共汽车收费不是基于他们旅行的距离，所以没有任何机制记录一个乘客离开公共汽车的信息。“对于跟踪客户行程而言，这是一个挑战。”萨格尔·温斯坦说。因此伦敦运输公司与麻省理工学院合作，设立了一个研究学术的合作机构，用于制订大数据解决方案。“我们想知道是否可以使用大数据回答以前未知的问题。我们有一些行程数据说明乘客从什么地方刷卡上车，所以我们从这个地方开始对研究空白区域进行填充。我们可以使用大数据来推断某乘客从何处离开。我们可以知道公交车是行驶到哪个站停车的，因为我们有位置数据并且具备乘客登车时的 Oyster 数据。”萨格尔·温斯坦说道：“我们所要做的是看一下乘客下一段行程记录的刷卡站点。如果我们看到乘客从公交车上下去之后不久就在地铁站入口刷卡进站，那么我们实际上是在处理使用公交和地铁两种交通工具的混合行程。”

学习的重点和启示是什么？

显然，大数据在负责统率伦敦交通网络中起到了重要的作用。但是重要的是，很明显这种通过大数据进行的监控是以一种巧妙的方式实现的。重要的是我们需要意识到，有时我们从大数据分析中得到的理解只是“兴趣性的了解”。然而，重要的是要开展大数据的商业性应用。温斯坦说：“我们总是试图尽可能有效地管理网络和基础设施，伴随着伦敦的快速发展，我们应该考虑如何满足城市对网络和基础设施需求的增长。”

明确你想要实现的目标是成功使用大数据的关键。因为在大数据使用过程中存在太多的可能性，所以你很容易就被干扰和分心，保持对目标和挑战的强烈关注将有助于你解决这些问题。

36　美国联邦政府：利用大数据管理一个国家

背景

巴拉克·奥巴马在承诺投资 2 亿美元用于数据分析并承诺将尽可能多的政府收集到的数据提供给公众之后，被《华盛顿邮报》盛赞为“大数据总统”。

当然，美国政府所收集和分析的数据（通常是关于我们个人的数据）并不都很受欢迎。爱德华·斯诺登和维基解密等事件让我们意识到有关美国对国内人口秘密监视的情况。

然而，美国政府部门也开始对一些数据实施透明化，比如构建政府门户公共数据网站，它们承诺通过网站将政府部门收集到的数据提供给每个人。不管怎样，执政者已经意识到这是一个数据在收集、存储和分析上的大爆炸时期，我们称之为大数据，并且美国政府已经清楚他们想要采取什么行动。

大数据有助于解决什么问题?

美国是世界上领先的经济强国而且拥有 3 亿多人口，它显然需要大量的资源。美国联邦政府负责国家的领土安全、经济安全、医疗保健、执法状况、灾难恢复、粮食生产、教育和公民生活的方方面面。

这些职责一直以来被细分到美国政府许多分支机构之中，每个部门都用合适的方式收集与自己最相关的数据，并且将收集到的数据隔离并孤立起来。政府部门之间请求数据共享常常要花费许多时间陷入官僚作风和繁文缛节之中，当然，对于超高速分析和影响保密行业的全面数据监控革新来说，这并不是一个有利的环境。

2015 年年初，美国政府任命了第一位首席数据科学家——D·J·帕蒂尔，帕蒂尔在就职之前一直在国防部工作，在那里他试图通过分析社会媒体收集的数据发现恐怖主义威胁。他还曾在 LinkedIn、Skype、PayPal 和 eBay 公司任过职。

如何在实践中使用大数据?

美国政府在其众多的部门和机构中制定了大量的数据驱动策略，每个策略都符合特定部门的职权范围。这些策略包括车牌自动识别扫描仪和车辆行驶记录仪，这些基础设施投资对于记录列车和乘客的行驶位置是非常必要的。这些基础设施投资近期也被执法部门用来在全国范围内预测和追踪罪犯分子以及恐怖分子嫌疑人的活动。此外，预测技术也被执法机构用来预测“热点事件”，比如冲突可能会在哪里爆发，并根据优先级分配资源。

在教育行业中，因为越来越多的中学和大学正在将学习课程转移到互联网上，所以负责制定教育政策的这些机构可以获得学习群体对所学内容的理解情况，评估特定地理区域内人口的教育和技能水平，并实现更高效的资源规划和部署。

在医疗领域，疾病控制中心使用社会媒体分析，跟踪流行病的传播和其他公共卫生问题。在 2012 年，美国国立卫生研究院通过数据分析发起大数据知识项目，鼓励卫生保健创新。

除了这些，农业部基于农场和院落收集的大数据对农业和粮食生产开展研究和科学分析。农业部通过奶牛基因记录识别出最有可能繁殖出高产奶牛的公牛，从而促使美国奶牛种群中产奶量高的奶牛数量大大增加。

通过资金投入，美国中央情报局对预测安全软件的开发也起到一定的促进作用，该软件使用预测数据算法应对国际和国内恐怖主义和金融诈骗。

结果如何?

去年，多名新任命的白宫官员对所报道的大数据技术和策略影响进行了为期三个月的广泛审查：“尽管大数据无疑增加了政府对未经核对事件的精确控制能力的要求，但是它可以将事件控制在它的解决范围之内，从而可以保证隐私和公民的权利。”

在对许多目前已经采用和计划采用的方法进行彻底审查后，这些官员得出结论：“大数据可以促进卫生保健和教育事业的发展，促进农业和能源的发展，促进企业有效地组织他们的供应链和监控设备。大数据将简化所提供的公共服务环节，增加纳税人利用政府数据的效率，进而大大加强国家安全。”

据报道，直至 2014 年，预测欺诈防范系统推出的 3 年时间里，医疗保险和医疗补助服务管理人员通过使用该系统成功阻止了 8.2 亿美元的欺诈。

使用什么样的数据?

美国政府通过自己的机构监控、收集并分析了大规模的数据，这些机构包括美国食品和药物管理局、疾病预防控制中心、当地执法部门以及广泛的第三方合作伙伴。

这些数据包括气候和气象数据，农业粮食产量数据，来自警务督察部门和联邦机构统计的犯罪和安全威胁统计数据，从监控网络和人口研究调查（即美国人口普查）得出的人口流动数据，从上市公司得到的经济数据和股票市场活动记录，通过迁移和进/出口数据得出的人员和货物出入境活动数据，通过联邦研究和发展部门收集的科学数据，以及跟踪疾病的传播和致病细菌得到的流行病学数据等。

因为通过政府数据网站的应用程序接口可以发布大量的数据，所以政府各部门之间可以实现数据共享，此外，私营企业创业者和非政府组织也可以收集数据并从中获取他们需要的信息。

技术细节是什么?

Data.gov——美国政府数据网站是一个在线的门户网站，根据美国政府法令（2009 年政府的开放指令），所有机构都必须公开他们的数据，它已经从拥有 49 个数据集发展到近 19 万个数据集。在这之中，贡献最大的机构有美国国家航空和宇宙航行局、内政部和商务部，其中美国国家航空和宇宙航行局有 3.1 万个数据集，内政部有 3.1 万个数据集，商务部有 6.3 万个数据集。开源软件 WordPress 和 CKAN 用于建立和维护接口数据，并向公众提供。

面临的挑战是什么?

毫无疑问，美国政府面临的最大挑战在于它收集和分析数据的行为需要赢得公众信任。这一问题基于国家政治考虑，对公众来说是一个挑战，这意味着需要对数据收集工作的优点和缺点进行仔细权衡，并且这项工作对公众的影响也需要纳入政府部门考虑之中。

自斯诺登事件以来，社会上已经存在广泛的呼吁，要求政府更加透明化收集到的政治频谱数据。斯诺登事件无疑刺激了美国政府公开数据，同时政府通过持续的努力加深公众对帕蒂尔和科学技术政策办公室所执行工作的理解。总统执行办公室2014年的报告中还包含了许多危险警告信息，因为越来越多的管理行为被视为政府过于把他们的监视活动深入到公民的私人生活，并列举了一些可以采取的预防措施，帮助停止这种过分的行动，其中最主要的措施就是提高政府管理行为的透明度。

学习的重点和启示是什么？

因为大数据在提高改善全世界人民的生活质量上具备很大的潜力，所以至关重要的是，政府掌握和处理数据的方式不能让它们的公民产生不适。

对于大多数人来说，隐私问题是一个巨大的担忧，客观来讲，在涉及区分合法数据采集和窥探之间，民众表现出对执政政府缺乏足够的信赖。

然而很明显，许多政府特别是当前美国政府已经得出这样的结论：政府可以获得的潜在利益大于它们被选民称为“太好管闲事”的潜在负面影响。这一结论有事实进行佐证，美国政府在数据收集和分析上的投资正在持续加速，并且政界人士正在共同努力，通过提高数据透明度和增强问责，降低公众的恐惧和担忧。

37 IBM 沃森系统：利用大数据教计算机理解和学习

背景

IBM 是计算机领域的鼻祖。IBM 出现在 19 世纪和 20 世纪之交，帮助美国使用机器处理人口普查数据，它促成了图表计算的出现，让信息技术时代迎来了黎明。

在此之后的数十年里，IBM 不断在最前沿进行创新和发展。它的主要发展包括大型机的开发、微处理器的研制以及个人计算机和磁性存储的开发，它塑造了一个我们今天才清楚的行业。IBM 已经将自己定位为大数据分析市场上的关键一员。

在 2011 年，沃森这个名字通过美国电视演出节目《危险边缘》而被人们记住，沃森成为 IBM 发展它所谓的“认知计算”的成果。IBM 沃森系统副总裁史蒂夫·金告诉笔者，这个项目预示着机器学习时代的来临。公司提供的沃森系统和沃森分析服务，是以公司的创始人托马斯·沃森的名字命名的。

大数据有助于解决什么问题?

直到现在，语言仍然是计算机和人类之间“交流”的一个巨大的障碍。计算机以惊人的速度进行计算，而且它们的逻辑是可靠的。然而，它们只能做人类告诉它们要做的事情，这通常意味着需要用计算机编程语言给它们提供指令编码。任何达不到技术技能要求的人均不能够创建自己的代码，他们只能使用其他人编写的代码，所以他们希望有人创建一个程序可以帮助他们命令计算机做他们想做的事情。

此外，计算机一直都是只知道我们“告诉”它们要做的事情。我们提供给它们的信息是我们认为它们需要的信息，以便解决我们认为需要解决的问题。这就要考虑到人类的易错性本质，所以我们必须清楚计算机需要什么信息，而且必须清楚知道我们需要解决什么问题。从理论上讲，计算机能比人类更快地进行“学习”。当将一个百科全书上传到计算机的服务器上时，人类就可以通过计算机访问百科全书上的所有信息，这种速度和准确度远远超出了人类的能力。

数据分析表明，数据本身在许多领域都是无比宝贵的资源，从预防犯罪到治愈癌症，正如这本书其他部分所描述的那样。但是传统意义上来讲，计算机并不具备自我学习的能力，所以我们必须先解决这个问题，给计算机相应的算法让他们进行自我学习。

如何在实践中使用大数据？

理论上，如果将沃森系统连接到互联网并通过程序接口进行数据访问，沃森将拥有人类集体的数据集。然后，沃森系统将使用许多领域研究开发的已有算法，并且随着时间的推移，沃森系统的性能将不断增强，越来越多的反馈信息有助于系统对已有算法进行优化改进。

沃森系统以概率的方式进行工作：当询问它一个问题时，它可能会返回一系列的答案，并根据答案的准确性进行排名。IBM 和 300 多个与沃森进行合作的组织发现了许多实例。这些用例包括改善癌症患者症状的护理。要做到这一点，沃森系统需要读取病人记录，并研究发表在医学期刊上的医药数据，从而对个别患者的治疗方案选择提出建议。

自然语言处理是沃森系统的支柱。除了理解用英语口语所说的指令和问题之外，它正在学习并帮助用户用其他语言与它进行交互。使用其他语言是因为 IBM 需要与国际企业进行合作，包括日本的软银集团和中东地区的巴达拉公司。这意味着人类和计算机之间沟通的主要障碍——语言正逐渐被克服。

结果如何？

在 2011 年，沃森击败了布拉德拉特和肯·詹宁斯，第一次公开地在《危险边缘》竞赛节目中胜出。沃森系统的胜利证明了系统自然语言处理能力的成功，显示出它能够理解用英语提出的问题并以足够高的标准来赢得比赛。它还提供了对沃森数据分析和概率建模技术的概念证明。虽然沃森要挑战人类选手几乎所有被要求解决的问题，但是在《危险边缘》节目中还是省略了一类问题，即通过音频和视频信息提出的问题，因为在当时沃森没有配置处理这类非结构化数据的算法。

自那以后，沃森系统被应用到许多重要的行业，包括医疗、营销、零售、金融、废物管理、预防犯罪和安全等。由于沃森的问世，甚至玩具也变得越来越智能和有用，包括在不久的将来，商店内热销的机器恐龙将能够语音回答孩子们提出的问题。机器恐龙除了作为一个聪明的教育类玩具之外，它还被认为可以应用于识别儿童学习或发育障碍的早期迹象，比如自闭症。

美国金融服务公司 USAA 保险公司开发了沃森的另一项服务，该服务针能即将转业的军人，通过沃森系统学习并了解他们将面临的问题，为他们提供支持和建议，旨在帮助那些即将离开军旅生涯的人员过渡到平民生活。

使用什么样的数据?

特别重要的是，沃森可以保持与最新的、有价值的信息的同步，比如新发布的百科全书、科学研究、新闻文章和统计数据，并通过这些信息完善内部算法。

技术细节是什么?

沃森的“大脑”由 90 个 IBM Power 共 750 个服务器组成，每个服务器包含 8 个核心，一共可以处理 16 TB 的随机存取存储内存。它使用这个运算能力支持 IBM DeepQA 分析引擎，该引擎运行在开源 Apache Hadoop 框架上。据说，它可以每秒处理 500 GB 的信息。

面临的挑战是什么?

在发展早期，IBM 公司的沃森团队意识到，广泛接触现实生活是提高“学习能力”的关键。尽管 IBM 是一个大型公司，它在世界各地都有员工，但是它通常只提供关于 IBM 业务的有限数量的问题。这样容易带来一个危险——它将在沃森学习和提高自己的能力上造成一个瓶颈。为了解决这个问题，IBM 开始在大范围的行业里发展与企业的合作，包括医疗保健、教育和金融。这意味着沃森不断面临新的挑战和学习，以便解决越来越多的问题。

史蒂夫·金告诉我：“在应用认知计算方面，我们的合作伙伴非常具有创造力，从兽医行业到儿童玩具，以及重新定义旅程和店内零售体验。他们把认知功能放在最前线，与伙伴组织进行合作可以帮助我们加速进入关键的市场。”

学习的重点和启示是什么?

计算机能做的事情远远超过我们告诉它们要做的范围。鉴于计算机的速度和准确度，我们也可以锻炼它们擅长做的事情，这种发现问题和提出新的解决方案的方式可能要比我们自己发现问题和解决问题更好。

毫无疑问，我们正处于“机器学习”时代的开始，这种技术具有非凡潜力。语言一直是人与计算机之间的一个障碍，它阻碍了我们对数字技术的充分应用，但是随着自然语言处理技术的到来，我们可以看到各种各样的令人兴奋的新发展。

38 Google：大数据在 Google 商业模式核心中发挥作用

背景

在我们的日常生活中，相比于任何一家其他公司，Google 公司可能更好地向我们介绍和解释了大数据分析带来的好处。

当我们进行 Google 搜索时，我们实际上就是在操作大数据。Google 索引的大小——它找到的每一个用于返回搜索结果的网页存档，据估计都要占用约 100 PB 的空间（或者 1 亿 GB），当然大数据可以依据任何标准检索。

但是，正如我们在过去的十年里所看到的那样，将互联网上的所有信息聚集在一起能够方便我们寻找东西，然而这只是他们计划的开始。Google 已经启动了 Web 浏览器、电子邮件、手机操作系统和世界上最大的在线广告网络，所有这些业务都牢牢植根于大数据技术，并通过大数据家喻户晓。

大数据有助于解决什么问题？

互联网是一个大的平台，自 20 世纪 90 年代以来，它就一直以惊人的速度发展，而且没有显示出任何发展放缓的迹象。这本身就存在一个问题：当我们可以访问几乎人类有史以来的所有数据时，我们如何找到我们需要的数据从而帮助解决我们的问题呢？

互联网不仅覆盖面大而且应用非常广泛。信息可以上传到世界上任何地方的服务器上，这意味着任意两个人通过连接互联网都可以浏览对方的数据，有时两者可能相距数千英里。用户不需要等待很长的时间就可以得到个人所需要的特定数据，因为信息沿着铜或光纤电缆进行快速传播，所以在数秒内就可以获得信息。但是，这种快速传播的前提是用户首先知道数据位于什么地方。甚至对于在互联网上寻找一条非常简单的信息而言，如果你不知道存储信息的计算机的精确 IP 地址，那么在没有索引的条件下还是需要花费很长一段时间进行寻找的。

然而，因为网络上有数十亿的网页信息，所以建立索引也是一项复杂的工作。它需要一大批人一直不间断地完善数据库，将任何接近的内容补充到里面。所以这项工作必须由计算机自动完成。这便提出了另一个问题：计算机怎么知道什么是有用的信息，什么是毫无意义的干扰信息呢？在默认情况下，计算机本身无法确定这些信息：除非我们教它们，否则它们没有区别有用和无用信息概念的能力，无论如何，有些信息对某些人可能无用而对另外一些人来说，这些信息可能是解决他们所遇到的问题的关键。

如何在实践中使用大数据？

Google 并没有发明搜索引擎的概念或者说是 Web 索引的概念。但是自从这个概念在 1997 年被推出之后，Google 就一直处于搜索引擎行业的榜首位置，一直领先了将近 20 年。

尽管人们连 Google 早期竞争对手的名字都记不得了，比如 Alta Vista 和 Ask Jeeves，但是建立"Google"搜索引擎并让这一名字家喻户晓的 Google PageRank 却被人们铭记。

Google PageRank 是由 Google 创始人拉里·佩奇和谢尔盖·布林在公司成立之前提出的，那时他们在斯坦福大学进行研究。这个想法的原则是链接到一个特定网页的页面越多，那么特定页面的"权威性"就越高，因为那些链接该网站的网页可能会引用它。Google 基于每一页有多少其他网站使用类似关键词（这些词可能是同一话题或主题）创建了第一个搜索算法，Google 分配给每个网站一个排名指数，排名指数越高，这些链接页面本身的"权威性"（高链接率）就越高。换句话说，这是一个过程，它涉及将非结构化数据（Web 页面的内容）转化成结构化数据，它需要量化信息并根据有用性进行排名。

Google 通过发送软件机器人——通常称为爬虫或蜘蛛建立索引网页，这些软件机器人收集所有的文本和一些其他类型的信息，比如包含在一个网站上的图片或声音，将它们复制到 Google 庞大的数据中心，据说 Google 的数据中心耗电量占地球上总用电量的 0.01%！

因为现在所有的信息都存储在同一个地方，所以 Google 可以更快地进行搜索，而不是从世界各地寻找包含搜索信息的文件，因为所有的文件都在一个非常大的平台之下。结合 Google PageRank 和后来的发展成果，Google 会全力匹配我们所查询的有用的信息。

结果如何？

在撰写本文时，89%的互联网搜索都是使用 Google 完成的。在所有的搜索引擎之中，最接近 Google 的竞争对手是雅虎、Bing 和百度，它们几乎占据了剩下的 11%的搜索市场份额。

使用什么样的数据？

最初，Google 使用网络索引中的数据匹配查询到潜在有用的结果。可靠来源数据和其他准确性排名靠前的网站的使用可以增强结果的可信性，因为机器学习算法可以用来评估数据的可靠性。

最后，Google 还将添加一些信息搜索者的信息，比如他们过去的搜索历史记录和进入 Google 数据库中的任何信息，以便在搜索结果和搜索者之间建立联系。

技术细节是什么？

据说，Google 网络索引包含 1 亿 GB 的信息，约占据 35 万亿个网页。然而只占 4%的信息可以在线浏览，其中大部分的信息被锁在私人网络，而 Google 的软件机器人看不到。

服务器响应搜索请求并基于它所建立的配置文件提供广告，Google 每天处理 20 PB 的信息。

一些系统，比如搜索、地图和 YouTube 视频网站，让我们可以随手触及 Google 的大量数据，这些数据都基于他们自己的数据库 BigTable 和分析框架 BigQuery。最近，Google 公司和它的竞争对手——亚马逊、IBM 一样，也能够向其他企业提供一些云计算的服务技术。

面临的挑战是什么？

Google 和其他搜索引擎历来受限于如何帮助人类克服他们与机器之间的语言障碍。

Google 开发了基于编码概念的编程语言，可以进入一个与人类近似的语言环境进行编程，一台计算机可以把人类语言转化为二进制的基本语言 1 和 0（通过一个叫作翻译的项目），这是计算机唯一能真正“理解”的逻辑语言。

如果你是一个计算机程序员，这一切都挺好，但是从一开始，Google 的目标就是把全世界的信息都放在每个人的“指尖”，而不仅仅是针对技术精英。为此，Google 已经开始发展“语义搜索”技术，涉及让计算机能够理解输入的语句，Google 不仅仅是把语句作为单独的处理对象，它还检查和解释不同语句之间的关系。

当 Google 试图找出你想要获取的内容时，它会通过参考大量的其他信息匹配你的需求。从 2007 年开始，Google 公司引入了通用搜索。这意味着当输入一个查询语句时，搜索算法不只是在 Web 索引中搜寻输入的相应关键字，它从大量的数据库中进行检索，比如科学数据、历史数据、气象数据、财务数据等，直至找到它认为你正在寻找的相关内容。2012 年，Google 由通用搜索演变成知识图谱，它可以用来构建一个数据库，数据库的组成不仅包括真实世界中存在的各种实体和概念还包括这些实体和概念之间的关系。

Google 的最终目标似乎是在计算机和人类行为之间建立一个接口，如同我们在科幻电影中看到的方式一样，当我们用自然语言提问任何一个问题时，可以在 Google 上得到我们需要的确切答案。

学习的重点和启示是什么？

Google 成为无可争议的“搜索之王”，与它的竞争对手相比，它能计算出更有效的方法找到我们需要的数据。

Google 通过不断的创新保持它的领先地位。当我们浏览网页时，Google 捕获我们收集到的数据，并以此实现搜索引擎的“货币化”工作，Google 从中得到庞大的一笔收入，成为世界上最大的在线广告卖家。然后，Google 使用所建立的巨大资源库迅速扩大并识别可以拓展业务的领域，比如移动通信和物联网等，这种方式也适用于 Google 的数据驱动商业模式。

近年来，据说微软的 Bing 搜索引擎和雅虎等也获得了一定的用户支持，但是 Google 作为全球最受欢迎的搜索引擎，仍然是未来搜索引擎的引领者。随着 Google 对新技术和新兴技术领域的进一步投资，比如无人驾驶汽车和智慧家庭领域，我们期望看到持续的创新和 Google 带来的更多惊喜。

39　特拉地震公司：利用大数据预测地震

背景

特拉地震公司成立于2012年，它的总部坐落在泽西城，它成立的宗旨在于提高早期预测地震活动引起的自然灾害的能力，比如地震和海啸。特拉地震公司的任务是“减少地震的风险和损失”，它通过对环境因素和历史数据进行大数据分析来预测地震发生的可能性，并通过它自身的门户网站将数据提供给公众。

大数据有助于解决什么问题？

地震和它们引发的次生灾害，比如海啸、余震和突发的公共卫生事件，极大影响了人类的生活，2014年约16674人因地震失去了生命。尽管有医学的进步和应急响应的提升，但是由于地震活动地区人口密度的增加，随着时间的推移，地震造成的死亡人数在逐渐增加。此外，地震还会造成基础设施损坏，地震引发的应急响应工作会造成巨大的经济损失。2011年发生在日本东北地区的地震造成近25万人无家可归。平均而言，每年由地震引发的经济损失约130亿美元。

这些灾难对于发展中国家的影响往往是最严重的，并且重建基础设施和应急响应的成本将进一步导致国内经济紧张，从而进一步引发其他困难。尽管多年来对地震进行了大量研究，但是直到最近，许多地质学家和其他学者都认为在很大程度上地震是无法预测的。

如何在实践中使用大数据？

特拉地震公司开发出了先进的科学技术，公司称之为“卫星大数据”，公司表示可以预测发生在世界任何地方的地震而且准确率可以达到90%。为了做到这一点，特拉地震公司使用算法监测来自卫星图像和大气传感器的直播气流数据，并将这些数据与先前的地震历史数据进行对比分析。大气状况可以为人们提供能量释放模式的信号，甚至异常云层的形成也可以为预测地震的发生提供线索。当预测建模技术应用到这些综合数据时便可以进行更准确的预测。

保险公司使用特拉地震公司的预测准确评估它们保险覆盖地区内的因地震活动造成的风险倾向。对冲基金和交易人员使用这些数据作为风险分析的一部分，他们需要考虑自然灾害是如何影响金融市场的，而且跨国公司也使用这些来评估自己的风险敞口。此外，所有的地震预测信息可以通过门户网站免费提供给那些需要的机构和个人。政府机构、慈善机构和救灾协调员都可以访问和使用该网站。

结果如何？

特拉地震公司声称，从 2004 年开始测试他们的技术以来，公司准确地预测了 90%的大地震，所预测出的大多数地震的震级为里氏 6 级以上，并可以在 1～30 天内准确地预测。当笔者向公司首席执行官奥列格·埃尔金咨询时，他告诉我当时成功预测的案例包括预测 2015 年 3 月 3 日印尼 6.4 级的地震。2014 年准确预测的大地震包括智利塔拉帕卡大区的 8.1 级大地震和墨西哥格雷罗州的 7.2 级地震。

使用什么样的数据？

地面环境监测站的数据是检测地震活动的关键，同时地面环境监测站可以收集和监控直播卫星图像和历史地震活动数据。

技术细节是什么？

为了得到发生在特定地点的地震的概率情况，特拉地震公司使用 Python 语言创造了开源定制算法。这些算法每天处理大量的卫星数据，这些数据来自正在发生地震或者预计即将发生地震的地区。数据存储和分布在特拉地震公司内部的 Apache 服务器中。

面临的挑战是什么？

从历史上看，地震发生时往往没有任何警示信号，并且许多学者和专家提出了他们的论点——从本质上说地震是无法预测的。这主要是因为我们认为有大量的因素可以导致地震的发生，而且许多因素还没有得到恰当的解释。虽然从历史角度来看，一些关于地震的记录中存在被认为是地震即将到来的警告迹象（比如在 1975 年中国海城地震发生之前，蛇从井里爬出），但是目前还没有科学有效的、百分百精确的预测方法。特拉地震公司面临的挑战表明，大数据分析可以提供准确可靠和重复性的地震预测，这有助于人们实施正确的抢险救灾、灾后管理和重建。

学习的重点和启示是什么？

经过全力尝试之后，你才能知道事情到底能不能做成！由大量实时的和非结构化的数据支撑的预测模型和统计分析，正向我们说明很多以前认为不可能完成的事情现在也可以完成。

实时分析非结构化的数据（比如卫星图片）可以产生意想不到的结果。

40　苹果公司：在业务核心应用大数据

背景

从官方公布的数据来看，科技巨头苹果公司创造了世界上最有价值的品牌之一。苹果公司的产品具备闻名的标志性设计和友好的用户界面。本章向我们介绍大数据在苹果公司的应用。

大数据有助于解决什么问题？

在某些方面，尽管苹果公司已经是世界上最赚钱的科技公司之一，但是为适应发展需求它不得不追赶大数据浪潮。苹果公司一直高薪聘请美学上的专家工作团队，设计和生产他们认为人们想要使用的系统，但是它的竞争对手如谷歌公司却通过检查用户数据发现人们想要使用什么系统。如果苹果公司想要巩固它的领先地位，那么它就需要掌握客户数据。

如何在实践中使用大数据？

客观来讲，苹果公司已经进入追赶大数据浪潮的时代。他们在移动市场上具备强大的市场份额，拥有数百万的用户，苹果公司热衷于基于对用户数据的监测和共享开发应用程序。一个著名的例子是他们宣布与 IBM 公司合作，以便促进相关的移动应用程序的健康发展。这种合作伙伴关系可以使苹果手机和苹果手表用户与 IBM 公司沃森健康云端医疗分析服务之间进行数据共享，这可能会带来众包的好处，大数据驱动着数以百万计的医疗分析。这一开创性的合作协议也将促进医疗行业的进一步发展，因为 IBM 公司大数据处理引擎通过世界各地数以百万计的苹果设备，可以获得人们实时的活动数据和潜在的生物数据。

苹果公司也针对其他行业提供了一系列的应用程序，包括航空、教育、银行和保险领域，而且这些领域也与 IBM 公司进行合作开发，旨在向使用苹果移动设备的用户提供这些领域的分析功能。2015 年 4 月，苹果手表的推出以一种令人瞩目的方式加速了这一过程，自从这款手表推出以来，销量一直可观。苹果智能手表设计成可以一直穿戴的智能设备，上面的传感器可以收集各种各样的广泛的数据，苹果手表的推出意味着更多的个人数据可以被收集并用于分析。

苹果公司除了把自己定位成别人生活中大数据的“促进者”之外，它也将大数据投入到自己的内部系统中使用。然而众所周知，大数据也起到了很重要的作用。收集公司的产品（比如智能手机、平板计算机、智能手表）在何时和何地被使用，以及被如何使用的数据，这些数据告诉管理者应该添加什么新的产品特性或者应该如何调整他们的经营模式，以便提供最舒适的用户体验。

苹果设备的 Siri 语音识别功能广受用户的欢迎，这一功能也是由大数据做支撑的。设备捕获到声音数据并上传到云端分析平台，将这些数据与成千上万名其他用户的输入命令进行比较，帮助 Siri 语音识别形成更好的语音识别模式（这也是机器学习的一个例子）。苹果公司正在寻求更准确匹配用户需求的数据，并可以将这些数据保存两年，作为保证隐私的让步，公司将这些数据与用户的真实身份分离，并分配给它们独特的匿名标识。

苹果公司还为消费者和企业应用提供基于云的存储、计算和生产力的解决方案。2015 年 3 月，苹果公司收购了 FoundationDB 应用程序，它是一款广受欢迎的、用于大数据的专有数据库架构应用程序。FoundationDB 应用程序可以用来增加苹果公司在线服务方面的分析能力，比如 iCloud、iWork 以及他们最近推出的音乐流媒体服务。

为了占据由 Pandora、Spotify 和 Google Music 主导的音乐市场份额，苹果新音乐服务建立在 2014 年收购的节拍音乐技术之上。节拍音乐开发它设计的算法，匹配用户可能喜欢听的音乐，类似于亚马逊网和 Netflix 公司使用的推荐引擎。流媒体服务作为在线听取音乐的方法，它的受欢迎程度已经超过了 iTunes 服务中的音乐下载，这导致通过苹果 iTunes 服务销售的音乐数量有所下降。故 2015 年 6 月苹果公司推出新音乐服务，试图在音乐市场上分到一杯羹。

结果如何？

毫无疑问，甚至在大数据的广泛应用之前，苹果公司就已经拥有一个强大的数据库可以了解用户想要什么，现在该公司显然专注于利用大数据来改善他们的产品和服务。早期迹象表明，苹果手表和苹果音乐是有发展前途的：苹果手表推出的前几个月就售出了三百万台，苹果音乐在推出 4 周之后就有 1100 万 iPhone 用户注册了免费试用（免费试用版到期后会自动变成需每月 9.99 美元订购费用的付费版本，除非用户选择退出服务）。

使用什么样的数据？

苹果公司把重点放在用户在使用他们的产品和服务时生成的内部数据上。例如，苹果手表里面有许多传感器，包括心率传感器和加速度计传感器等，用来跟踪用户的活动和整体健康水平。

技术细节是什么？

在涉及大数据基础设施的问题上，苹果公司要比许多大公司更敏感。我们了解到，苹果公司使用 Teradata 设备存储苹果用户生成的数据；据报道，苹果公司是 Teradata 最忠实的客户，它储存的数据达到 PB 级别。

面临的挑战是什么？

苹果公司并没有对本案例中的研究提出任何评论，但是研究表明该公司确实面临着一个明显的挑战，即苹果公司要面对它正在处理的数据规模逐渐变大的挑战。即使没有苹果手表和苹果音乐这些产品，苹果用户每天产生的数据量也是惊人的（设想一下 Siri 单独生成的数据）。所以，存储这些数据的能力是至关重要的，因此苹果公司正在对新的和扩展的数据中心进行大量投资；在 2015 年初，该公司宣布他们将雷诺网站规模扩大一倍，同时扩大俄勒冈州普赖恩维尔市的操作中心。苹果公司也宣布了在爱尔兰阿森莱市和丹麦维堡市建立新的数据中心项目，这些数据项目预计在 2017 年启动并运行。这些都是耗资巨大的项目，所以毫无疑问，这也是苹果公司长期认真思考自己未来大数据战略后做出的抉择。

学习的重点和启示是什么？

苹果公司在着手应用大数据分析上比许多竞争对手慢，但是公司已经清楚地看到想要保持领先，大数据必须在公司未来发展中扮演重要角色。似乎苹果公司正在尝试使用大数据摆脱之前非常昂贵的情景式产品发布以便拉动公司业务朝向更有机的、不断增长的再生模型方向发展，这种方式也是它在软件和服务市场中的竞争对手所钟爱的。如果苹果公司能够在他们卓越的产品设计基础上利用大数据分析创新友好用户体验，那么公司提高的产品质量和服务水平就会继续让我们惊叹，并成为我们日常生活中不可替代的一部分，就像 iMac、iPod 和 iPhone 那样，公司可以确保它们在一段时期内仍然是世界上最有价值的产品之一。

通过本案例可以看出，在你所了解到的公司里，开始大数据工作的时机永远不会太迟。即使你认为你的竞争对手在生成和分析数据方面领先于你，但是你总有机会赶上来。大数据技术在不断创新发展，因此对大数据的应用可以说是一个公司努力争取跟上最新发展形势的必由之路，不论公司的大小……但请记住这同样适用于你的竞争对手。

41 Twitter 公司：让 Twitter 和 IBM 公司客户获得大数据意识

背景

Twitter 是世界上第二大流行社交网络，它仅次于社交网络市场领跑者 Facebook，每月约有 3.1 亿名活跃用户。自 2006 年 Twitter 作为一个“微型博客”网站推出以来，它推出的产品和服务业务越来越受欢迎。

公司总部坐落于旧金山，它雇佣了将近 4000 名员工，2015 年第一季度的营业收入达到 4.36 亿美元，但是这些收入并不是都能变成利润，因为 Twitter 上几乎所有的用户服务都是免费的，而需要处理那么多用户需求的计算机网络和对应的基础设施却并不便宜！

2014 年 Twitter 宣布 IBM 将成为它在 Twitter 合作计划中的第一个合作伙伴，它通过与 IBM 公司合作，可以从数据分析中获得价值，并且数据分析也可以提供一些其他商机。

大数据有助于解决什么问题？

Twitter 管理层充分意识到，如果公司想要获取利润，那么 Twitter 网络必须获得更大的市场份额，而不仅限于它目前所掌握的全球网络广告市场的 0.84%的市场份额。约 88%的公司收入来自消息推广，其他公司向 Twitter 支付广告费用以便它们的消息可以出现在这些公司可能感兴趣的 Twitter 用户面前。

这些收入需要用来支付成千上万名员工的工资，以及用于作为保养和维护巨大的计算机网络服务运行所需的成本，因为网络服务始终保持对用户免费。

Twitter 公司知道如果他们想继续增长利润和改善基础设施，那么它需要找到其他方法将用户创建的内容货币化。货币化战略行动的一部分内容涉及先进的分析功能，如将每天每一时刻生成的大量数据提供给它的合作伙伴，比如 IBM。Twitter 公司可以向其他小企业出售它的分析服务以便获得利润。

Twitter的竞争对手Facebook也在社交网络上共享数据，相比之下，大部分Twitter数据在数据传播上具有很高的价值，这些数据可以通过人们的分享变成公开数据，所以任何人都可以用这些数据进行分析。

Twitter公司能让人们了解彼此之间如何相互联系、他们所处的政治立场是什么、他们购买了什么、他们出去吃了什么以及他们生活中的方方面面。尤其对营销人员来说，这是信息金矿。

问题在于，任何人都可以访问Twitter并可以看到人们在说什么，但是将这些信息转换成有价值的可操作性见解就很棘手，除非公司可以同时掌握数据收集和存储、统计编程、预测建模和编程算法的技术细节。本质上，当公司没有相应的技能或基础设施来利用数据的价值时，大数据中蕴含的价值就会浪费掉。

如何在实践中使用大数据?

总而言之，Twitter可以收集用户发布的消息，而IBM可以利用这些数据创造价值，IBM通过它的“流水式”程序接口每秒钟实时分析6000多条推送消息。

然而，其他企业可以通过IBM访问Twitter数据，并从中获得有价值的数据分析结果。

据说，Twitter和IBM公司培训数千名专业人员从事企业咨询服务，帮助他们将获取的Twitter数据进行分析利用。

在本书写作之时，公司的这项服务才刚刚开放使用。然而在2015年上半年，Twitter公司与各类企业合作对这项技术进行试运行。这些合作伙伴包括一家通信公司，这家通信公司致力于通过监测社交媒体上喋喋不休的抱怨，找出Twitter公司服务中的哪个环节可能会受到坏天气的影响，以便分配资源减少服务停机时间，降低客户流失率。

另一个实例涉及食品和饮料零售商，它们能够推断出他们最忠实顾客的消费模式与零售店内员工的流动率之间的关系，并在员工高流动率与客户低忠诚度之间建立了牢固的联系。换句话说，柜台后面的熟悉面孔可以鼓励高消费顾客更频繁地光顾。

结果如何?

在本书写作之时，Twitter公司的大数据项目才刚刚开始，所以并没有多少有关现实世界结果的数据。然而Twitter公司声称，这家不知名的电信公司在项目试验阶段通过使用数据并结合IBM所提供的工具帮助Twitter公司减少了约5%的客户流失。

技术细节是什么？

Twitter 有一个庞大的数据资源库。它每个月有约 3.1 亿名活跃用户平均每天发布约 5 亿条消息，这些消息对于洞察用户的真实生活提供有价值的信息。

通过三个服务可以使用 Twitter 和 IBM 公司的分析工具：用于 Twitter 的 IBM 大数据，利用 Twitter 的沃森分析（采用先进的沃森认知计算系统，在第 37 章已经谈论过）以及它们的 Hadoop 大数据企业服务。

面临的挑战是什么？

到目前为止，这项服务似乎只涉及 Twitter 上发布的文本内容，而现在越来越多的消费者通过图片和视频参与社交媒体互动，这对大数据开发者提出了全新的挑战。

其他以图像为主导的社交媒体服务，比如 Instagram 照片共享应用，虽然落后于 Facebook 和 Twitter，但是从每天上传的非结构化数据（照片和视频）数量来说，这些服务正在迎头赶上。而且其他服务也已经开始挖掘图片和视频中的数据信息。比如，有的服务可以使用面部识别系统判断 Twitter 上发布的图片中人物的情绪。这意味着大量的图片和视频数据上传到网络的同时会给公司带来一定的利润，但是没有案例研究表明，这些非结构化数据可以通过合作伙伴 IBM 沃森系统进行分析。

学习的重点和启示是什么？

社会媒体拥有洞察消费者情绪和行为的丰富数据资源。

因为庞大的数据量导致得出有意义的见解比较困难，所以大部分数据被锁定。

Twitter 公司通过与其他公司建立合作伙伴关系，使得那些数据丰富的公司，比如社会媒体网络，能够与具备高级分析功能的公司一起合作，它们共同创造的价值比单独一家公司创造的价值要高。

42 Uber：在 Uber 交通运输业务中心应用大数据

背景

Uber 是基于智能手机应用程序的出租车预订服务产品，它将需要出行的用户和愿意搭载他们一程的司机相联系。Uber 的服务一直广受欢迎。自 2009 年 Uber 在旧金山启动服务以来，该项服务已经扩展到除了南极洲之外的各个大洲内的许多主要城市，并且该公司现在（本书写作时）的市值达到了 410 亿美元。Uber 公司的业务深深根植于大数据，相比于传统的出租车公司，它以一种更有效的方法利用用户数据。大数据在它的成功之路上发挥了巨大的作用。

大数据有助于解决什么问题？

Uber 的商业模式基于大数据的众包原则：任何一个有汽车并愿意搭载乘客的人，都可以帮助别人到达他们想要去的地方。这为那些住在几乎没有公共交通地区的人们来说，提供了更多的选择，并且 Uber 通过合并旅程可以减少繁忙街道上汽车的数量。

如何在实践中使用大数据？

Uber 存储和监控用户每一次的旅程数据，并使用这些数据来确定用户需求、资源分配以及票价设置。该公司还对它所服务地区的城市公共交通网络开展深入分析，因此 Uber 可以集中覆盖贫困地区的交通网络，还可以为人们提供搭载公共汽车和火车的链接。

Uber 拥有一个庞大的数据库，掌握着它所覆盖地区内所有城市的司机的信息，当有乘客请求搭载时，它可以立即为乘客匹配最合适的司机。公司开发了实时监控交通状况和旅途时间的算法，这意味着价格可以随着搭载行程的改变而做出调整，而且有时拥堵的交通状况意味着旅行可能需要更长的时间。它鼓励更多的司机在有需求时出门开车，当需求低时呆在家里。该公司已针对这个基于大数据相关技术的定价方法申请了专利，Uber 称这种方法为“起伏定价”。Uber 实现了类似于连锁酒店和航空公司通过调整价格来满足顾客需求的“动态定价”，然而它并不是简单地在周末或公共假日期间增加价格，而是使用实时预测模型来估计需求而定价。

大数据推动了公司的停车服务。它允许用户根据 Uber 数据找到在他们附近停车的人们，这些人经常在相似的时间内有相似的行程，他们可以互相拼车。根据 Uber 博客所写，由于有关数据表明“纽约市内很多的 Uber 行程之间都是相似的，行程从相近的地方附近起步，并在相近的地方附近结束，而且每段旅程的时间也类似”，引入这项服务成为一项没有意义的行为。未来 Uber 可能会推出或者试点其他项目，包括为一些人提供直升飞机出行的 Uber 飞行；用于杂货运输的 Uber 生鲜；用于快递服务的 Uber 速递。

Uber 依赖一个详细的评级系统来建立与用户之间的信任，用户可以在系统中评价司机，司机也同样可以评价客户，它让双方在决定和谁拼车这件事情上做出有依据的决定。特别指出，司机必须有意识地保持他们的高标准服务，如果服务低于某一指标，则可能导致他们不会再被提供任何更多的工作机会。司机们还需担心另一个指标，即“接单率”，这是指他们接受服务的客户订单的数量与他们拒绝服务的客户的订单数量的比值。为保证能够持续为乘客提供服务，司机被明确告知他们的接单率应该保持 80%以上。

结果如何？

大数据是 Uber 一切业务的核心，这意味着它的未来发展不是靠短期的业绩支撑，而是靠由大数据驱动的商业模式。客观来讲，如果不是明智地使用大数据，那么公司也就不会发展成今天的这种规模。

所有的数据表明，Uber 服务为人们带来的好处远远不止改变我们预订出租车的模式以及改变我们每天到达办公室的方式。Uber 首席执行官特拉维斯·兰格尼声称，Uber 服务在世界上最拥挤的城市也将减少道路上私家车的数量。例如，特拉维斯希望单就 Uber 的停车业务就能减少伦敦街头三分之一的交通客流。Uber 提供的服务可以彻底改变我们在拥挤城市中的出行方式。从环境和经济角度考虑，这都将是一件好事。

使用什么样的数据？

该公司混合使用内部和外部数据。例如，Uber 利用 GPS、交通数据和公司自己的算法自动计算票价，并根据行程的时间做出调整。该公司还分析外部数据，比如公共交通路线规划服务数据。

技术细节是什么？

然而，获取 Uber 大数据基础设施的详细情况已被证明很难，但是 Uber 所有的数据几乎都被收集到 Hadoop 数据库中，并且我们知道 Uber 使用 Apache Spark 和 Hadoop 来处理数据。

面临的挑战是什么？

公司采用一定的算法确定价格的起伏，但这在繁忙时间段也会偶尔造成一些问题，《福布斯》的一篇文章指出，平常行程 5 英里（约 8 km）的平均成本不到 20 美元，但在 2014 年新年前夜这段行程却最终需要 122 美元。这是因为 Uber 考虑到路上司机的数量，以及需要额外的时间来完成这段旅程。很多人会认为这是简单的经济学现象：在需求高峰时，向产品或服务支付更多的费用是很正常的。但这并没有让该公司摆脱定价政策上的争议。

当然还有一些其他的争议，尤其是普通出租车司机声称 Uber 摧毁了他们的生计，此外还有对 Uber 公司司机缺乏监管的担忧。作为对出租车司机抗议的回应，Uber 一直试图通过添加一个新的类别拉拢出租车司机组成一支新队伍融入他们。Uber 的出租车服务意味着你可以搭乘由正规的出租车司机开的车，但是他是以私人雇佣车辆的形式注册的。

公平来讲，现在仍有一些障碍需要克服：目前少数地区禁止 Uber 服务，包括欧盟和印度的一些地方，而且在世界上许多其他地方，Uber 服务需要接受严格的审查。在涉及公司遵守管制程序上，美国已经发生了多个纠纷案件，其中一些案件被撤销，但是还有一些仍在继续。

学习的重点和启示是什么？

Uber 的成功表明，通过基于大数据的商业模式，可以使公司取得非常杰出的成绩。而且 Uber 在成功的道路上并不孤单，它有提供类似服务的竞争对手，但这些竞争对手的规模还比较小（截至本书写作完成时），比如 Lyft，Sidecar 和 Haxi。虽然可以克服提供监管的问题，但是这些“新贵”之间的竞争可能会非常激烈。最成功的公司可能是对所提供的数据做出最好管理和应用的公司，并需要致力于提高对客户的服务质量。

43 电子艺界公司：在视频游戏中利用大数据

背景

电子艺界公司（美国艺电公司）是世界上最大的视频游戏服务商之一。20 世纪 80 年代早期，特里普·霍金斯在苹果公司见证了视频游戏作为娱乐消遣的方式以惊人的速度增长，随后他辞去了苹果公司产品营销主管一职创立了电子艺界公司。

自那时以来，电子游戏行业不断发展，据说本书写作之时该行业为全球带来的收入超过 1000 亿美元。

因为现代视频游戏（无论是在游戏机、手机还是在电脑上的游戏）在运行时都需要用户时刻保持在线，所以它们有能力深入监测玩家的行为。对于玩家的每一个决定或策略都可以进行记录和分析，游戏开发商可以洞察这些数据并发现玩家喜欢什么、他们如何适应挑战以及什么时候会因为游戏太难而失去兴趣。

2012 年，电子艺界公司面临许多困难。玩家似乎减少了对它核心产品的支出，比如射击类游戏、运动模拟和史诗奇幻游戏，这些游戏曾经给公司带来了过去 30 多年的连续成功。最重要的是，行业模式中的一些广泛的变化，比如随着“免费增值”游戏的出现，游戏的发布和支付方式也发生了变化，扰乱了电子艺界公司原本的业务。为了赢回公司失去的客户，公司首席技术官拉加特·塔内加公布了他雄心勃勃的计划，通过使用他们在玩家进行在线游戏时收集到的数据，找到玩家究竟想要得到什么。

大数据有助于解决什么问题？

游戏界极具竞争性，因为不只是玩家会利用虚拟的汽车进行赛车比赛或者利用虚拟的枪支进行射击比赛来消磨他们的业余时间，开发商和服务商也必须不断创新以超越它们的竞争对手。玩家需要更大和更好的游戏以便利用他们强大可用的硬件，因此游戏生产的成本在逐年攀升。为了说明这一点，举个例子，1994 年电子艺界公司的子公司 Origin 发布了一款游戏叫作《银河飞将 3》，它的开发预算是 500 万美元，这个预算对当时的电脑游戏来说可谓闻所未闻。2013 年《侠盗猎车手 5》的开发据说耗资 1 亿美元。2014 年动视暴雪公司表示，它将在未来几年向《特许命运》游戏投资约 5 亿美元。轰动一时的大规模“AAA”游戏通常需要数百人的全职工作团队花费至少两年的时间进行创建并推向市场。尽管风险高，但是潜在的回报与它们的风险相匹配。由于整个行业均采用数字发行游戏，所以一旦游戏命中市场，就可以出售数以百万计的产品，而且商店或仓库的存储成本几乎为零，零售价一般为每款 60～100 美元。

如何在实践中使用大数据?

曾经，玩视频游戏是一个孤独的体验，玩家不能与游戏里其他的玩家互联，只被允许与他们面前的机器互打，这种日子已经一去不复返了。大多数现代视频游戏，无论在游戏机、手机还是计算机上，它们都具备连网功能。这也是对“AAA”级游戏的要求。玩家不仅可以参加比赛，还能与世界上其他地方的玩家进行互动。运行这些游戏操作的服务器公司可以清楚地看到玩家在做什么以及它们的用户是如何与它们的产品进行交互的。玩家所做的一切事情，从通过发行商的数码商店购买游戏到利用游戏的社交性能与他们的朋友聊天，在这些过程中都留下了丰富的数据跟踪记录。

如果玩家在游戏中通关失败，不得不十分沮丧地放弃游戏，通过大数据分析可以显示出游戏哪些方面需要进行调整，以便将游戏变成一个更能持久吸引玩家的体验。如果游戏方注意到一些玩家在与其他玩家打游戏时开启语音聊天可以玩得时间会更长一些，那么它可以检查游戏的哪些特性能够鼓励用户进行在线语音沟通，并确保这些特征性能在游戏中被更加合理地设置。毕竟，需要保证玩家喜欢公司的游戏，否则他们可能会很快选择其他竞争对手的产品。

这些调整可以通过软件更新的方式在全球范围内推向整个用户群体，也可以进行针对个别玩家的个性化调整，推送给指定玩家。向玩家分配一个惟一的识别码，通过识别码对玩家在平台上产生的所有数据都进行跟踪，建立一个有针对性的用户偏好和风格模型。

2013 年希夫在斯特拉塔会议上发表主题演讲，正如他讲得那样：“人们现在玩游戏的方式通常是一种在线的多设备连接的社交方式。我们现在能够收集很多关于游戏和玩家的信息，我们必须重新思考过去对游戏和玩家的型认识”。

除了改善游戏体验以外，大数据也投入到营销中使用。现在多数的大型游戏发行商都提供自己的在线分销网络，不管玩家身在何处，只要他们能连接网络就可以下载游戏。电子艺界公司和其他大型游戏公司一样，对它的服务建立了复杂的建议分析系统，基于信息系统内玩家的信息给他们匹配游戏并吸引他们参与游戏促销活动。今天许多游戏也呈现出交易费用低的特点，玩家可以花费少量的钱而在虚拟世界中获得较大的好处。这为发行商带来了收入的增加。

结果如何？

在 2012 年至 2013 年之间，电子艺界公司的收入下降了约 7%，它的收入从 40 亿美元降至 36 亿美元。到 2014 年底，它的收入再次飙升了 22%，达到约 44 亿美元，这是该公司 30 年来历史上营业额的最高值。这主要归功于公司把精力投入到对游戏体验存在不满的客户身上，集中精力研究所收集的相关数据来了解他们的需求。

使用什么样的数据？

当玩家敲定他们的游戏服务时，电子艺界公司收集他们的姓名和地理位置信息等。然后公司跟踪玩家初始游戏门户网站的使用信息，了解他们喜欢浏览并最终购买的游戏。

一旦游戏安装在用户的机器上（控制台、手机或计算机上），那么它可以开始收集设备的信息。如果用户将游戏连接到他们的社交媒体账户上（这样更容易登录游戏并与他们的朋友一起玩游戏），那么该游戏可以收他们分享的一切信息。

在游戏中，玩家对游戏控制器或触摸屏接口的每一个动作都可以被追踪到，公司使用这些信息构建有关玩家喜好的一个概要文件。这使公司可以确定玩家是谨慎保守的还是冒险激进的。

技术细节是什么？

电子艺界公司通常在一个月中要运行 500 亿分钟的在线游戏，其中包括 25 亿次的连续游戏。

据报道 2013 年的《战地》游戏每天生成 1 TB 的用户遥测数据。在所有的网络游戏中，用户遥测数据量大约 50 TB。

电子艺界公司大数据分析框架建立在开源技术基础之上，包括 Apache Hadoop 和 Spark 技术。

面临的挑战是什么？

像许多公司第一次应对大数据带来的挑战那样，电子艺界公司很快意识到，他们的首要问题在于数据量太大，并且现有的数据系统没有停止测量一些复杂和混乱的玩家数据。

希夫说："解决方案在于只精密地存储一小部分玩家数据，通过公司的数据处理管道运行，这样就可以在游戏中或在游戏之后的数据分析中采取具体行动"。

为此，公司开始重建他们的数据管道，利用 Hadoop 分布式系统基础架构运行机器学习和适应性预测算法，并利用这些算法分析数据。

希夫解释说，最后一步是为用户设置统一的 ID，这样用户在所有的平台上都可以运行他们的游戏。

希夫说："所有这一切已经彻底改变了我们对识别用户身份的思考方式，我们可以从后端平台的身份识别出用户的标识符，从手机、控制台或者计算机上获取所有事件的数据，并将它们转化成一个独立的个人角色，这让用户周围所有的数据都能正确运行。"

学习的重点和启示是什么？

视频游戏是娱乐产业重要的一部分，尽管近几年电影和音乐的销售收入有所减少，但是视频游戏销售这个行业却在持续发展。这会使竞争对手之间在处理丰富的市场资源时产生激烈的竞争。在这场角逐中，大数据分析可以带给精明的竞争者一个明显的优势。

随着收集到的玩家信息越来越多，游戏设计者能够创建更多符合观众口味的游戏体验，这将使得游戏更具娱乐性和挑战性。

44　Kaggle 公司：众包数据科学家利用大数据

背景

Kaggle 公司为用户提供了一个分析众包数据的竞争平台。企业用户提出它们的数据问题，然后 Kaggle 公司邀请数据专家团队竞相拿出好的解决方案。

这是一个非常不错的想法，例如在医疗领域，到目前为止，数据科学家们竞相解决的问题范围从分析医疗记录到预测哪些患者可能需要住院治疗。

Kaggle 公司的总部位于旧金山，公司成立于 2010 年，它成立的灵感源自 2009 年成立的竞争机构——Netflix 公司。流媒体电视和电影公司想吸引更多的观众，于是它们试图开发出更好的算法来预测它们的客户下一步想看什么视频，并帮助它们提高自己在引擎推荐上的排名。自 Kaggle 成立之后，Netflix 公司就一直使用 Kaggle 服务组建公司的竞争业务。

谷歌作为众多使用 Kaggle 服务的公司之一，它的首席科学家哈尔·范里安将这种服务描述为："Kaggle 把世界上最有才华的数据专家的智力集中在一起，让各种大小的组织机构都能够利用这种智力。"

任何人都可以注册 Kaggle 公司的服务，并能够参加它的大部分比赛，可以争夺高达 10 万美元的创意写作奖金。之前的比赛中奖金的额度有时会更高，例如，2012 年传统健康奖的比赛奖金达到 50 万美元。然而，某些比赛是留给"大师"们参加的，这些网站成员在先前的比赛中就已经证明了自己的实力。

大数据有助于解决什么问题？

世界各地的公司普遍认识到现在训练有素的数据分析专家严重缺乏。高德纳公司作为领先的分析机构，它的一份报告发现，在它所调查的组织机构中，超过一半的组织感到它们的分析战略由于无法找到合适的技术人员而受到限制。

这是因为数据分析是一个相对较新的知识领域。然而统计学家和商业情报专家一直学习相关的基础知识，研究将数据分析技术投入到应用中所需的先进的基础设施，用于捕获和分析真正的非结构化大数据。实际上，这些混乱的非结构化数据确实需要一个相对较新的处理方法。

如何在实践中使用大数据？

从本质上讲，Kaggle 公司充当一个中间人的角色：客户公司或组织拿出它们的数据并提出需要解决的问题，同时设定截止日期并提供奖金。

通常采用模拟的方式产生数据，以避免公司在传递机密信息时带来隐私问题，同时如果通过一个公共平台提供商业敏感数据，那么这些数据可能会落入竞争对手手中。

通常情况下，世界上最大的零售商沃尔玛在 Kaggle 公司的平台上设置的奖励方式是提供一份工作机会而不是提供奖金。

沃尔玛信息系统机构高级招聘人员芒达尔·塔库尔说："目前市场上总是存在供需缺口，特别对于新兴技术领域。我们利用创新的方式为我们的数据科学分析团队寻找人才。我们一直在寻找可以加入我们团队的顶尖人才，让我们的技术可以得到更进一步的发展。"

沃尔玛公司使用Kaggle举行竞争比赛需要提供历史销售数据和市场营销活动数据，比如价格回滚、季节性折扣以及清仓销售情况等信息。参赛者需要做出生产预测模型，对于有销售数据的部门，需要显示事件时间表。

除了众包和预测模型，商业游戏化也是公司使用的另一个工具。人类的大脑以应对各种竞争和挑战而著名，特别是当为其提供激励与奖励时。除了奖金（或工作机会）之外，参赛者既可以在 Kaggle 社区内展示他们的技能和创造力，还可以向更广阔的外部世界展示这些。

结果如何？

沃尔玛公司在 2014 年第一次举行竞赛，通过竞赛有几个人被招募到沃尔玛的分析团队，次年沃尔玛公司又举行了一次竞赛，希望找到更多的数据分析人才。

内维·帕得马伊曾是获胜的参赛者之一，他现在就职于沃尔玛公司在阿肯色州本顿维尔市的总部，作为一名高级统计分析员。他告诉我："之前我在从事咨询类工作，当时只是把浏览 Kaggle 作为爱好。"

"我看到沃尔玛提出的竞赛要求，我想我可以去试一试。我尝试着做一些预测分析，在准备并提交了我的模型之后，我最终作为成绩排名靠前的参赛者被邀请到沃尔玛公司与他们的分析团队会面。"

“这些事情真的特别有趣，我看到不同的部门向分析团队请求解决他们的问题，并且这些问题通常能够在 20 或 30 分钟内被解决，而不是 2～3 个星期的时间，这非常令人兴奋。”

“他们所谈论的一切都是关于如何实现实时预测分析的，比如如何利用大数据得到真正的预测分析结果，这时我才认识到每个人都在谈论的‘大数据’的真正价值。”

此外，塔库尔说，除了大范围填补沃尔玛和分析社区的人员空缺外，在 Kaggle 上举行竞赛还有其他好处。

他说：“Kaggle 创建了一个围绕沃尔玛和我们分析组织的信号。人们只是知道沃尔玛产生了大量的数据，但是最好的部分在于让他们看到我们是如何战略性地使用这些数据的。”

使用什么样的数据？

对于沃尔玛的竞争比赛，公司向参与者提供模拟的历史销售数据，这些数据源自沃尔玛的许多门店，并标有日期和促销活动的细节，这些细节被认为会影响到所列项目的销售情况。

网站上还有一些其他的竞争比赛，包括参赛者需要预测哪些客户最有可能响应的直邮营销活动，利用模拟的个人数据，使用来自欧洲核子研究中心的大型强子对撞机的数据识别物理现象，以及使用人口和历史犯罪数据预测将在旧金山发生的犯罪行为类别。

技术细节是什么？

Kaggle 将来自客户的原始模拟数据集传递给网站上的数据工程师，让他们做出自己的分析。运行在 Unix 骨干系统上的服务层允许用户提交代码，并在他们的服务器上运行，它可以让用户提交的演示算法进入比赛。在不久的将来，Kaggle 计划扩展系统的功能，要求工程师帮助他们实现“由在网站上运行机器学习竞赛转变成用于先进数据科学研究的平台”。

面临的挑战是什么？

随着大数据分析在商业领域越来越流行，有一件事情已经明显，即纯数字处理人才并不足以成为一个伟大的数据专家。沟通能力也是一项重要的技能。正如塔库尔所说：“从根本上说，我们需要绝对善于钻研数据的人，他们喜欢数据并能将数据分片挖掘，可以利用数据做他们想要做的事。”

“说到这里，有一个非常重要的方面——也许数据分析师有别于其他技术人员。如果他们可以用良好的沟通和表达能力匹配他们的数据分析技术，那么他们将拥有更好的职业前景。具备这种技能组合的人可以很快上升到职业顶部位置。”

为了将这种技能需求融入到他们的招聘过程中，顶尖竞争的参与者在原始材料的分析上证明他们的技能，随后他们被邀请到该公司的总部做进一步评估，此外，最终获得工作机会的那些人通常在报告、交流和分析上具备突出的才能。

学习的重点和启示是什么？

大数据科学家们可以来自任何地方。正如普遍预期的那样，他们并不是都有正式的统计、数学和计算机科学的学历背景。

众包对于识别新兴人才具有巨大的潜力。雇主可以使用众包激励那些以前可能没有想过参与到大数据分析职业中的人们，那些人甚至会惊讶他们竟然有能力做大数据分析。

商业游戏化为那些潜在的可以帮助企业解决问题的人们提供了新的参与方法。建立竞争机制可以鼓励创造性思维，因为这种情况下，参与者将会努力确保他们的想法可以脱颖而出。

45 Amazon 公司：使用预测分析获得消费者“360° 视图”

背景

Amazon 早就超越了原来的在线书店商业模式。Amazon 现在是世界上最大的实现商品和虚拟商品（比如电子书和视频以及最近的 Web 服务）零售商之一。

Amazon 的成功主要归功于开创性地使用“推荐引擎”技术，它所设计的系统可以预测我们想要什么以及何时想要。

在牢记这一点的基础上，Amazon 也把自己打造成商品和服务的生产商而不仅仅是零售商。除了调试电影和电视节目之外，它构建和销售电子产品，包括平板电脑、电视盒和流媒体硬件。

甚至在最近，Amazon 通过 Amazon 快送服务，快速向用户提供新鲜农产品，Amazon 已经开始转向食品超市方向发展。

大数据有助于解决什么问题？

信息超载是一个非常现实的问题，而且零售商在这一过程中的损失比我们大多数人多得多。网上零售业依靠提供尽可能多的产品或服务来增加销售量。许多像 Amazon 和沃尔玛这样的公司，采用一种“所有商品都在同一屋檐下”的超市模式取得了蓬勃的发展。

现在的问题是，当客户面对一大串可能的选项时，他们经常感到不知所措。从心理学上讲，他们担心遭受购买后的懊悔——由于信息不对称产生的采购决策可能会让他们浪费钱。这样会导致客户推迟消费，直到他们确定已经对需要购买的物品做了充分的研究。

令人困惑的选择数量可能会使我们完全改变购物的想法，例如，实际上客户需要一台 2000 美元的超高清电视机，然而面对那么多的选择感到不知所措，最终客户可能决定用这些钱去度假。

同样的问题也经常困扰许多涉及大量信息的项目。客户可能拥有许多购买选项，但由于见识匮乏，他们不知道最好的购买决策是什么。

如何在实践中使用大数据？

从本质上说，当客户浏览网站并建立和调整他们的推荐引擎时，Amazon 可以收集这些数据，随后便可以使用这些数据。

Amazon 可能并没有发明推荐引擎，但是它把推荐引擎介绍给公众普遍使用。理论上，推荐引擎了解用户越多的信息，它们就越有可能预测用户想买什么东西。一旦它们这么做了，就可以通过优化用户需要的搜索目录，简化用户选择商品的过程。

Amazon 的推荐引擎基于协同过滤。

这意味着它通过判断你是谁决定它认为你想要什么东西，然后提供给你所需要的商品，这些商品的提供基于和你具有类似条件的人群也购买了它们，这不同于基于内容的过滤，正如在 Netflix 公司的推荐引擎中所看到的那样，这意味着系统并不需要了解产品销售中的非结构化数据。平台需要的所有数据都是元数据：产品的名称，需要多少成本，有谁购买了它们以及相关的其他信息。

当用户使用他们的服务时，Amazon 收集了超过 2.5 亿名用户的数据。除了用户买什么之外，它还监视用户浏览了什么，并基于他们的物流地址确定他们的居住数据，通过了解用户居住地附近居民的收入水平，他们可以猜测用户的收入水平。

Amazon 也观察用户浏览的时间，确定用户的习惯性行为，并将用户的数据与那些遵循类似模式的人们的数据进行匹配。

如果用户使用 Amazon 的流媒体服务，比如 Amazon 金牌服务流媒体视频或者电子书租赁，那么它也可以判断该用户每天花多少时间看电影或者看书。

所有的这些数据都被用来建立用户的“360° 视图”。在此基础上，Amazon 可以找到那些它认为符合相同消费习惯的人们（例如，有一个年收入超过 30000 美元的人，他住在一个租赁的房子里，喜欢外国电影，并雇佣 18 岁到 45 岁的男性雇员），并根据他们的喜好提出建议。

2013 年，Amazon 开始向广告商出售这些数据，让它们可以推出自己的大数据营销活动。这使 Amazon 进入谷歌和 Facebook 的竞争之中，因为谷歌和 Facebook 也将匿名访问的用户数据卖给了广告商。

结果如何？

基于他们以用户为中心的推荐技术，Amazon 已经成为美国最大的在线零售商。

本书写作的前一年，它在全球销售中收入近 900 亿美元。

Amazon 的云端网络服务业务的收入，比如 Amazon 网络服务，同比增长了 81%，达到了 18 亿美元。

此外，Amazon 用大数据驱动购物和用户服务的方法让他们成为一个全球公认的品牌。

使用什么样的数据?

Amazon 在用户浏览网站时收集他们的数据，监控他们在浏览过程中发生的一切事件，从他们浏览每个页面所用的时间到他们留下用户评论时所使用的语言。此外，Amazon 使用外部数据集合建立我们的人口普查信息。如果你在可以进行全球定位的智能手机或平板电脑上使用 Amazon 的移动应用，这些程序也可以收集你的位置数据和其他信息，比如你所使用手机的应用程序和服务。如果你使用 Amazon 的流媒体内容服务，比如 Amazon 金牌服务音响，它可以为 Amazon 收集更详细的用户信息，比如你何时、何地、如何观看电视和电影节目以及聆听音频等信息。

技术细节是什么?

中央数据仓库处理 Amazon 的核心业务，是由在 Linux 上运行 Oracle 语言的惠普服务器组成的，每个月处理 1.87 亿单独的网站访客信息，以及超过 200 万的第三方市场的 Amazon 卖家信息。

面临的挑战是什么?

截至目前，Amazon 和所有的在线零售商面临的最大挑战是让公众相信并参加网上的相关商业活动。由于目前增强的安全性监管力度和立法压力（尽管数据盗窃率不断增加），我们大多数人都不再担心将我们的信用卡绑定在线零售商所面临的安全问题，尽管以前我们认为固定的机构更可靠。Amazon 使用网景浏览器安全商务服务器系统和 SSL 协议在加密数据库中存储敏感信息。

学习的重点和启示是什么？

尽管消费者的多样性选择是一件好事，但是太多的选择和太少的指导会让客户感到困惑，使他们难以做出购买决定。

大数据推荐引擎的任务便是通过分析和查看具备类似条件的用户的购买历史，简化预测顾客想要购买的东西。

商家了解的用户信息越多，它就越能更好地向他们推销。将每个用户作为一个个体，开发他们的“360°视图”是大数据驱动市场营销和客户服务的基础。

隐私和信息安全具有绝对的优先级，因为大规模数据破坏或盗窃可以在一夜之间摧毁消费者对于某个业务的信心。

结　语

非常荣幸能够在大数据领域工作，在这个领域我能够帮助企业寻找新的商机和更好的发展方向，分析和使用数据以便实现数据真正的价值。我的工作能让我学习企业创新应用大数据的方法。

通过这本书，我想概述大数据的当前发展状况，然而，在这样一个快速变化的时代环境中，这是很困难的。上周我和一位信用卡提供商一起工作，他利用大数据分析做出了令人惊叹的事情，即可以近乎实时地分析数百万条交易信息。现在，我一直在和出现在本书中的两个公司联系着，它们应用新技术从大数据中获得了更好的价值。下周我要去西班牙会见巴塞罗那足球俱乐部的分析团队，以便探索如何在职业足球中使用大数据分析。

这个领域发展得如此之快，想要捕捉到所有正在发生的事情是不可能的。我希望这本书可以就现在已经发生的事情给读者一个较详细的介绍。本书希望向读者表明大数据概述是非常真实可靠的，公司每天都在使用大数据来提高它们做事的效率。

接下来的数年里，你将会看到忽略大数据的公司逐渐被那些重视大数据的公司超越。我非常坚定地相信：对于任何组织，如果它没有一个大数据策略，没有一个通过使用大数据来提高业务性能的计划，那么它将会被淘汰。

尽管预测大数据的未来是不可能的，但是我们可以看到这一术语的逐渐淡化（因为它将不再作为一个新现象而需要强调）。事实上，我从不喜欢这个词，因为它过分强调数据的大小，而不是数据的种类和我们所做的事情。我更喜欢智能数据这个词，正如在我以前的书中概述的那样。

应该在公司发展策略中开始应用智能数据，以便识别数据可以让你的产品性能和决策产生最大不同的应用领域。只有当你清楚大数据可以帮助你回答的战略问题后，你才会开始收集和分析数据，帮助你回答这些问题并转变公司的组织结构，我相信这本书中的案例研究展示了如何应用这些数据。然而在实践中，我看到很多公司在大数据机遇中迷失，最终错误地囤积数据并相信有一天这些数据会有用。

在我的建议中，最重要的就是着手开始你的大数据策略，并确定所面临的重大挑战。只有收集和分析数据才能帮助你应对这些挑战。但是不要掉进收集和分析数据的陷阱中，即对所有的数据包括不重要的数据都进行收集和分析。

未来，物联网、机器学习和人工智能等领域也存在巨大的创新发展机遇。这些将影响大数据的发展，使大数据的应用变得更加重要。

如果我能够透过水晶球看到未来，那么我相信可以看到大数据不断走向实时分析的势头，在这种情况下，大量的数据（包括结构化的和非结构化的数据）近乎全部被实时分析，用于决策和提供给机器学习算法。

毫无疑问，大数据将给我们带来许多创新和改进现有技术的机遇，但是它也将会在数据隐私和数据保护等领域给我们以挑战。如果大数据能够分析几乎一切事物的能力被不法分子利用，后果将不堪设想。因此制定完善的法律框架来避免大数据技术滥用，需要我们所有人共同努力。

总体来说，大数据是一个神奇的、快速发展的领域。今后，我将继续分享我对大数据的见解和它的最新发展成果。如果你想继续了解这些信息并对这一话题进一步讨论，那么请用 LinkedIn 和 Twitter 联系我，我所有的文章都分享在上面。你可以在 LinkedIn 搜索伯纳德·马尔这个名字或者在 Twitter 上联系伯纳德·马尔（@bernardmarr）。

欲知更多详情并与我取得联系，请访问我的个人网站，在那里你可以找到很多相关的文章、白皮书、案例研究和视频等。

作者介绍

伯纳德·马尔是先进性能研究所的创始人兼首席执行官，该研究所是一个通过使用大数据专门进行业务性能改善和商业决策的组织。

伯纳德是大数据、分析和企业绩效方面的商业畅销书作者、主讲人和技术顾问。在数据业务方面，他是世界上最有话语权的专家之一。他与全球范围内的大公司、组织和各国政府的前沿合作使他在全世界著名，并让他成为备受赞誉的研究员、顾问和老师。

伯纳德在世界经济论坛上定期撰稿并被《首席执行官》杂志评为领先的具备商业头脑的企业家之一，他被 LinkedIn 评为 2015 年世界上最有影响力的五个人之一。

他的文章和定期专家评论出现在备受瞩目的出版物中，包括《纽约时报》《金融时报》《金融管理》《福布斯》《首席财务官》《赫芬顿邮报》和《华尔街日报》。伯纳德是一个狂热的 Twitter 粉丝也是"LinkedIn Pulse"上的专栏作家。他还写了大量的书籍还有数以百计的卓越报道和文章。

伯纳德曾与世界上许多最知名的组织一道工作并给它们提出建议，包括埃森哲咨询公司、阿斯利康公司、英格兰银行、巴克莱银行、英国石油公司、敦豪速递公司、富士通公司、高德纳公司、汇丰银行、IBM 公司、玛氏公司、美国国防部、微软、北约组织、甲骨文公司、美国内政部、英国国民健康保险公司、法国 Orange 电信运营商、泰特莱公司、德国电信公司、丰田公司、英国皇家空军、德国 SAP 软件公司、壳牌公司、联合国以及其他机构。

如果你想和伯纳德谈一谈你需要帮助的大数据项目，或者你正在考虑在你的组织中运行一个大数据程序或培训课程，并且需要一个演讲者或培训老师，那么你可以通过电子邮件 bernard.marr@ap-institute.com 联系他。

你也可以在 Twitter 上关注@bernardmarr，在上面他经常分享他的见解，或者也可以在 LinkedIn 或福布斯网上与他联系，他在那些网站上写了很多博客。

致　谢

我很感谢所有帮助过我的人，我取得今天的成就离不开他们的帮助。感谢那些与我合作的公司，感谢他们信任我，让我为他们提供帮助，同样，他们也给我提供了很多新知识和体验。我也必须感谢每个通过私聊、博客发帖、书籍或任何其他形式跟我分享他们想法的人们。谢谢你们慷慨的分享，使我每天都从中汲取不少知识！我也有幸当面认识了许多这一领域内重要的理念先锋，我希望他们能够知道我有多么重视他们提供的信息以及我们之间交流。还有很多我想要感谢的人，他们的名字这里就不一一列出了，以免有所疏漏，还望谅解。再次感谢帮助过我的人，你们都非常出色！

最后，我要感谢威利出版团队（Wiley）的全力支持。我知道，无论是哪本书的出版都是一个充满挑战的过程，非常感激你们的付出和帮助。